"美丽中国系列"丛书编委会

顾　　问：解振华　顾益康
主　　任：黄祖辉　刘青松
副 主 任：金佩华　周　琼
编　　委：刘青松　朱　强　杨建初　张建国　沈琪霞
　　　　　金佩华　林　骏　周　琼　赵兴泉　贾卫列
　　　　　莫东坡　黄祖辉　蔡颖萍
主　　编：贾卫列
副 主 编：张建国　杨建初　蔡颖萍
策　　划：李银和
组织编写：湖州师范学院可持续发展研究院
荣誉推荐："两山"智库联盟

美丽中国系列

美丽城市建设

杨建初 林骏 朱强 —— 编著

云南人民出版社

图书在版编目（CIP）数据

美丽城市建设 / 杨建初, 林骏, 朱强编著. -- 昆明：云南人民出版社, 2025.5. -- (美丽中国系列).
ISBN 978-7-222-23779-7

Ⅰ.F299.21

中国国家版本馆CIP数据核字第2025NJ1953号

项目策划：李银和
项目统筹：陈　晨
特约编辑：顾　颖
责任编辑：陶汝昌　欧　燕
责任校对：董　毅
责任印制：代隆参
装帧设计：王冰洁　越凡文化

·美丽中国系列·

美丽城市建设
MEILI CHENGSHI JIANSHE

杨建初　林　骏　朱　强　编著

出　版	云南人民出版社
发　行	云南人民出版社
社　址	昆明市环城西路609号
邮　编	650034
网　址	www.ynpph.com.cn
E-mail	ynrms@sina.com
开　本	720mm×1010mm　1/16
印　张	13.75
字　数	250千
版　次	2025年5月第1版第1次印刷
印　刷	昆明德厚印刷包装有限公司
书　号	ISBN 978-7-222-23779-7
定　价	58.00元

如需购买图书，反馈意见，请与我社联系。
图书发行电话：0871-64107659

版权所有　侵权必究　印装差错　负责调换

云南人民出版社微信公众号

序

人类文明的进步史，本质上是一部人与自然关系的演进史。从"敬畏自然"到"征服自然"，从"掠夺开发"到"和谐共生"，人类在探索中不断校准与生态共处的坐标。在当代的全球文明进程中，"生态"这一古老却历久弥新的命题，正以前所未有的紧迫性和战略高度，重塑人类社会的思想格局与发展范式。

2012年11月，党的十八大报告提出："努力建设美丽中国，实现中华民族永续发展。"在人类文明处在转折的时刻中，美丽中国建设是引领中国未来发展的关键词之一，不仅给全国人民描绘了一幅未来中国的秀美画卷，明确了我们的奋斗目标，同时也为全球生态文明建设提供了一种极具现实意义和未来导向的"中国方案"。

经过十余年持续努力，生态文明建设已由理念提出、制度设计，迈入全面实施、系统深化的新阶段。我国从顶层战略的布局到具体政策的落地，从环境质量的明显改善到治理能力的整体跃升，"美丽中国"正逐步由愿景走向现实，由蓝图演变为一幅幅可见、可感、可持续的生态画卷。

回顾我国开启的生态复兴历程，"美丽中国"理念提出以来，神州大地上演着生态觉醒的壮阔史诗。无论身处大江南北的任何地方，污染防治攻坚战让蓝天白云不再是奢侈品，山水林田湖草沙系统治理使大地重披锦绣，中国生态文明建设的创新实践持续展示生态治理的成效。2023年12月，中共中央、国务院印发《关于全面推进美丽中国建设的意见》，系统擘画了新阶段美丽中国建设的目标愿景和任务路径，标志着美丽中国建设进入全面推进、纵深实施的新阶段。2025年1月，国务院办公厅转发了《关于建设美丽中国先行区的实施意见》，生态环境部牵头并会同多

美丽城市建设

个部门出台了《美丽城市建设实施方案》《美丽乡村建设实施方案》，初步构建起以"1+1+N"为主体架构的政策体系，统筹推进城市、乡村和区域多层次的绿色发展与生态文明建设。我们看到的不仅是政策文本的迭代升级，更是一个古老文明对可持续发展道路的哲学思考："如何在高质量发展中守护生态根脉？怎样在现代化进程中留住乡愁记忆？"

严格遵循国家的战略部署，结合中国各地美丽中国建设的实践，"美丽中国系列"丛书的编纂，以大众的视角解构这场波澜壮阔的生态变革。《美丽中国先行区建设》解码制度创新与路径突破，展现绿色发展高地的打造、美丽区域建设和政策机制的创新；《美丽城市建设》聚焦空间治理智慧，探索绿色低碳、环境优美、生态宜居、安全健康、智慧高效的城市建设，探索以城市为载体的美丽中国建设实践路径；《美丽乡村建设》深入肌理，从中国传统乡村的生态环境综合治理到乡村优秀的生态文化的复兴，诠释以"千万工程"为标志的乡村振兴何以让乡土中国焕发时代生机。三本读物既独立成篇又浑然一体，犹如三棱镜折射出中国在引领人类文明的生态复兴征途上的多维光谱。

"美丽中国系列"丛书虽然定位于让公众了解、领会、参与、贡献美丽中国建设的实践，但其深层价值在于超越就环境谈环境的窠臼。当我们将生态治理置于百年未有之大变局中审视，会发现它既是应对气候危机的全球治理命题，更是关乎文明存续的人类终极课题。中国用不足全球9%的耕地、6%的淡水资源，支撑着近20%人口走向生态现代化。我国已构建了全球最大、发展最快的可再生能源体系，建成了全球最大、最完整的新能源产业链；我国还是全球"增绿"最快最多的国家，贡献了全球1/4的新增绿色面积。这场人类历史上规模最大的生态文明实践，正在创造一种新的文明范式——它不追求征服自然的快感，而是探寻天人合一的智慧；不迷信消费主义的增长，而是创造绿色发展的价值；不困于先污染后治理的传统道路，而是开创发展保护协同的新模式。

序

如果我们站在宇宙的层面看待我们生活的蓝色星球，站在人类文明发展的新的历史方位来审视，美丽中国建设已从简单的环境治理升华为文明的重塑。这要求我们以更深邃的历史眼光、更宽广的世界视野，理解美丽中国建设背后的文明抉择。期待"美丽中国系列"丛书能成为思想传播的媒介，让更多人参与这场文明迭代的激情实践。"每一株破土的新绿，都在书写未来的编年史；每一条复清的河流，都在鸣奏文明的交响乐。美丽中国的故事，将由每个时代的书写者共同完成。"

美丽中国建设的硕果，使中华大地奏响了新时代"富春山居图"的动人乐章，这是中国式现代化不可或缺的生态图景，也是人类生态复兴的绿色基石。今天，越来越多的国家和国际组织开始关注和研究中国的生态文明建设实践。"双碳"目标的庄严承诺，绿色"一带一路"的不断推进，生态合作的日益拓展，中国在全球生态治理中的话语权与影响力持续提升。

美丽中国建设，不仅是一项国家战略的纵深推进，更是亿万中国人共同参与、共同建设、共同分享的时代事业。美丽中国之美，不仅是自然之美、生命之美，更是发展之美、文明之美。

祝愿我们在这条通往生态文明新时代的道路上，行稳致远，不负山河、不负人民、不负未来！

中 国 气 候 变 化 事 务 原 特 使
全国政协人口资源环境委员会原副主任
国家发展和改革委员会原副主任
原 国 家 环 境 保 护 总 局 局 长

2025年5月

目录

第一章　美丽城市建设概述　/001

第一节　城市生态位及作用 ··· 001

第二节　美丽城市的内涵及建设任务 ······································ 004

第三节　中国式现代化背景下的城市发展 ································ 009

第二章　绿色低碳城市　/015

第一节　发展城市绿色产业 ··· 015

第二节　工业园区绿色低碳发展 ··· 022

第三节　城市交通运输低碳发展 ··· 026

第四节　提升城市建筑绿色低碳水平 ······································ 031

第三章　环境优美城市　/037

第一节　城市空气质量达标管理 ··· 037

第二节　城市生活污水管网建设和运行维护 ····························· 041

第三节　城市美丽河湖建设 ··· 043

第四节　沿海城市的美丽海湾建设 ·· 047

第五节　提升城市垃圾分类管理水平 ······································ 050

第六节　污染地块绿色低碳修复 ··· 056

· 001 ·

第四章　生态宜居城市 / 060

第一节　城市生态廊道建设 …………………………………… 060

第二节　城市湿地生态修复 …………………………………… 062

第三节　城市水环境修复 ……………………………………… 066

第四节　城市生物多样性保护 ………………………………… 072

第五节　城市噪声污染防治 …………………………………… 080

第六节　"无废城市"建设 …………………………………… 088

第七节　发展城市绿色旅游 …………………………………… 092

第八节　发展城市生态文化 …………………………………… 097

第九节　发展生态社区 ………………………………………… 101

第五章　安全健康城市 / 110

第一节　保障城市饮用水安全 ………………………………… 110

第二节　防控危险废物环境风险 ……………………………… 114

第三节　开展本地特征污染物和新污染物治理 ……………… 119

第四节　加强城市塑料污染治理 ……………………………… 124

第五节　加强电磁辐射污染防治 ……………………………… 128

第六节　加强城市生物安全防范 ……………………………… 131

第七节　气候适应型城市建设 ………………………………… 134

第八节　提升居民环境健康水平 ……………………………… 139

第六章　智慧高效城市 / 145

第一节　全领域推进城市数字化转型 ………………………… 145

第二节　全方位增强城市数字化转型支撑 …………………… 148

第三节　全过程优化城市数字化转型生态 ················· 149
第四节　推进新型城市基础设施建设打造韧性城市 ········· 151
第五节　建立现代化生态环境监测体系 ··················· 155

第七章　花园城市 / 161

第一节　深化城市空间格局 ····························· 161
第二节　彰显中华文化价值 ····························· 167
第三节　统筹配置多元要素 ····························· 171
第四节　提升治理水平 ································· 180

第八章　城市环境基础设施 / 185

第一节　加快补齐城市环境基础设施短板 ················· 185
第二节　着力构建一体化城市环境基础设施 ··············· 188
第三节　推动城市环境基础设施智能绿色升级 ············· 190
第四节　提升城市环境基础设施运营市场化水平 ··········· 191
第五节　健全推进城市环境基础设施建设保障体系 ········· 192

附录 / 194

参考文献 / 199

后记 / 204

第一章

美丽城市建设概述

建设美丽中国是实现人与自然和谐共生、推动经济高质量发展、促进社会文明进步的重要举措。只有扎实推进美丽中国先行区建设，建设绿色低碳、环境优美、生态宜居、安全健康、智慧高效的美丽城市，才能加快推进人与自然和谐共生的现代化。

第一节 城市生态位及作用

在"自然—社会—经济"复合生态系统中，城市、城镇、乡村有着各自的生态功能、社会功能和经济功能，明确各自的生态位，才能使自然系统更为合理、社会系统更为有效、经济系统更为有利。

一、城市在国土空间中的生态位

打造绿色国土空间开发格局，是建设美丽中国的必然要求。在聚焦区域协调发展战略和区域重大战略、加强绿色发展协作、打造绿色发展高地、建设美丽中国先行区的进程中，城市处于核心位置，既是空间规划的重点区域，也是绿色发展的引领者。

建设美丽中国，必须按照人口资源环境相均衡、经济社会生态效益相统一的原则，控制开发强度，调整空间结构，促进生产空间集约高效、生活空间宜居适度、生态空间山清水秀，给自然留下更多修复空间，给农业留下更多良田，给子孙后代留下天蓝、地绿、水净的美好家园。

美丽城市建设

在今后相当长一段时间内，以城市群、都市圈为依托促进大中小城市和小城镇协调联动、特色化发展，推动城市群一体化发展，建设现代化都市圈，优化提升超大特大城市中心城区功能，完善大中城市宜居宜业功能，推进以县城为重要载体的城镇化建设，才能完善城镇化空间布局。

现代城市、城镇、乡村与传统意义上的城市、城镇、乡村有所不同。在"自然—社会—经济"这个复合生态系统中，城市、城镇、乡村的"生态位"各不相同，有着其不同的结构、功能和发展规律，但共同特点是"宜居"，必须建设生态环境良好、安全指数高、生活便利舒适、社会文明程度高、经济富裕、美誉度高的城市、城镇和乡村。

城市是以服务业和非农业人口集聚形成的人工生态系统，其功能是由城市在一定区域范围内的生态、经济、政治、文化、科技、社会活动中所具有的能力和所起的作用决定的。自然条件是城市功能形成和发展的基础，城市的综合实力是城市发展的决定性条件，行政区划是城市功能的重要前提。城市的主要功能是管理、服务、创新、协调、集散、生产，城市规模的不同产生了城市功能的差异。

中心城市是综合经济实力强、科技创新领先、交通通信发达、辐射范围广、对外交往便捷、持续发展能力强的城市，具有综合、主导功能，引领全国或区域的环境、经济、政治、文化、科技、社会发展。北京是全国政治中心、文化中心、国际交往中心、科技创新中心，上海是国际经济、金融、贸易、航运、科技创新中心，重庆是国家中心城市、长江上游地区经济和金融中心、长江经济带西部中心枢纽、国际航运中心，深圳是全国性经济中心城市、国家创新型城市、现代化国际化城市、创新创意之都，广州是国家中心城市、国际航运中心、国际贸易中心、金融服务中心、国际物流中心、国际航空枢纽、国家综合性门户城市，苏州是东部地区重要的中心城市、综合交通枢纽、先进制造业和高新技术产业基地、区域性科技创新高地、综合型现代物流中心，成都是西部重要的经济、科技交通、金融、文创、对外交往中心，是综合交通枢纽和长江经济带重要支点，杭州是东部地区重要的中心城市、金融科技中心、数字经济中心、交通枢纽与国际门户城市、创新科技高地，武汉是中部地区重要的中心城市、长江经济带核心城市、全国科技创新与先进制造业中心、中部金融中心、国家交通物流枢纽，南京是东部地区重要的中心城市、全国综合交通枢纽、先进制造业基地、东部产业创新中心、科技创新高地、东部现代服务业中心、长三角一体化发展核心城市、天津是北方经济、国际航运、国际物流中心和国际港口城市、国家中心城市，香港是国际金融、航运、贸易、资产管理、风险管理中心和国际航空枢纽、全球离岸人民币业务枢纽。在区域中经济较为发达和人口较为集中的政治、经济、文化中心的城市，是带动区域经济和社会发展龙头。

二、城市对经济和社会发展的作用

城市是经济和社会发展的核心引擎，在推动经济增长、促进社会进步、优化资源配置等方面发挥着重要作用。随着城市化进程的加速，城市在国家和地区发展中的作用日益凸显。

城市对经济发展有重要的作用。城市经济增长的主要动力，作为产业集聚地，城市聚集了大量企业、资本、技术和人才等生产要素，形成规模经济效益，提升生产效率，城市经济圈的形成推动区域经济一体化，促进经济增长；城市促进高新技术产业发展，加快经济结构从劳动密集型向知识密集型转型；城市提供大量就业岗位，吸引农村人口向城市流动，提升社会就业率；互联网经济、数字经济在城市中快速发展，为创业创新提供良好环境；沿海城市的发展促进了国际贸易往来，提升对外开放水平；自由贸易区、跨境电商产业促进全球资本、人才、技术流动，加快城市国际化进程。

在社会发展中，城市的作用显得更重要。城市吸引大量人口定居、就业、受教育，推动城市化进程；城市化促进公共基础设施的发展，提升公众的福祉；城市聚集高校、科研机构、企业，形成科技创新中心，加快知识更新和技术进步；城市中的科技园区和创新孵化基地促进科技成果转化，推动新兴产业发展；城市的发展促进了艺术、音乐、电影、传媒等产业发展，提升了文化软实力；国际化大都市促进不同国家和民族之间的文化交流，推动全球化进程；城市通过提供高质量医疗、教育、社会保障，提升居民生活质量，促进社会公平；智慧城市的大发展，利用大数

美丽城市建设

据、人工智能提升城市治理能力，提高公共服务效率。

在建设美丽中国的进程中，通过建设绿色低碳、环境优美、生态宜居、安全健康、智慧高效的美丽城市，进一步推动产业升级、科技创新、文化交流、人口集聚，使城市更加智能化、绿色化、全球化，为经济和社会发展提供更强动力。

第二节　美丽城市的内涵及建设任务

建设美丽城市是建设美丽中国的重要内容，聚焦城市生态环境重点领域和突出问题，才能有序推进各地以城市为载体探索美丽中国建设实践路径，有力支撑美丽中国先行区建设。[①]

一、美丽城市的内涵

美丽城市是指符合绿色低碳、环境优美、生态宜居、安全健康、智慧高效建设目标要求，聚焦城市生态环境重点领域和突出问题，探索以城市为载体的美丽中国建设实践路径的城市。

绿色低碳　能源结构清洁高效，产业发展绿色低碳，减污降碳协同增效，交通出行便捷环保，资源利用节约适度，低碳生活蔚然成风。

环境优美　空气清新，清水绿岸，鱼翔浅底，山清水秀，土壤清洁，风景如画，人民群众生活在天更蓝、山更绿、水更清的优美环境中。

生态宜居　空间均衡有序，城镇留白增绿，生物丰富多样，城乡鸟语花香，生活惬意宁静，人与自然和谐共生。

安全健康　生态安全得以保障，生态系统质量持续稳定，城市韧性不断提升，突发环境事件应对有力，生态环境健康风险有效识别。

智慧高效　环境基础设施全域覆盖、普惠共享、城乡一体，科学精准、感知

[①] 参见：美丽城市建设实施方案[EB/OL].（2025-01-17）[2025-01-26]. https://www.mee.gov.cn/xxgk2018/xxgk/xxgk03/202501/W020250117579921453515.pdf.

高效、管理智能，实现城市精细化治理、智慧化管理。

二、美丽城市建设的总体要求和主要目标

以习近平新时代中国特色社会主义思想特别是习近平生态文明思想为指导，深入贯彻党的二十大和二十届二中、三中全会精神，落实全国生态环境保护大会部署，深入实施以人为本的新型城镇化战略，坚持人民城市人民建、人民城市为人民，坚持从实际出发、因地制宜，坚持改革创新、示范带动，聚焦城市生态环境重点领域和突出问题，有序推进各地以城市为载体探索美丽中国建设实践路径，有力支撑美丽中国先行区建设，实现高水平保护、高质量发展、高品质生活、高效能管理，让人民群众在美丽家园中共享自然之美、生命之美、生活之美。

到2027年，城市生产生活方式绿色低碳转型成效明显，突出生态环境问题得到有效解决，城区环境明显改善、生态宜居更加凸显、治理效能有效提升，推动50个左右美丽城市建设取得标志性成果，成为美丽中国先行区建设示范标杆。到2035年，城市绿色生产生活方式广泛形成，生态环境实现根本好转，生态系统多样性稳定性持续性显著提升，形成智慧高效、多元共治的城市生态环境治理体系，美丽城市建设实现全覆盖。

三、美丽城市建设的主要任务

1. 提升城市绿色低碳发展水平

完善国土空间治理体系，优化城市内部空间结构，促进生态空间与生产生活空间的衔接融合。大力发展绿色产业和绿色服务业，不断提升绿色生产力发展水平，积极培育新业态、新模式、新动能。推动城乡接合部、城郊工业园区绿色低碳发展，完善产业园区环境基础设施建设。加快城市交通运输与能源体系融合发展，推动交通基础设施绿色低碳改造，推广节能低碳交通运输工具，推进城市货运配送绿色低碳、集约高效发展，深入实施城市公共交通优先发展战略，加强城市慢行交通系统建设，鼓励引导绿色出行。严格执行建筑节能降碳强制性标准，提升新建建筑中星级绿色建筑比例，加快既有建筑节能改造。积极推广使用绿色环保广告材料。

美丽城市建设

深化国家低碳城市试点。

2. 提升城市生态环境质量

加强生态环境分区管控成果应用,有效降低生态环境重点管控单元主要污染物排放强度。深入实施城市空气质量达标管理,推动城市移动源结构优化和高效监管,推进扬尘精细化管控。合理规划建设布局,源头解决餐饮油烟及恶臭异味扰民问题。规范室外照明设施建设与管理。加强城市生活污水管网建设和运行维护,建设城市污水管网全覆盖样板区。有序推进城区建设"清水绿岸、鱼翔浅底"的美丽河湖,实现城区水环境长治久清。沿海城市深入推进美丽海湾建设,"一湾一策"协同推进近岸海域污染防治、生态保护修复和岸滩环境整治,加强海洋垃圾治理。持续提升垃圾分类管理水平,推进地级及以上城市居民小区垃圾分类全覆盖,建立健全建筑垃圾治理体系,加强各环节的规范管理。依法合理规划受污染建设用地用途,鼓励优先用于拓展生态空间,推动污染地块绿色低碳修复。

3. 提升城市生态宜居品质

统筹推进生态廊道、通风廊道、城市绿道、景观廊道及基础设施一体布局,利用街头、社区小微空间等见缝插绿,因地制宜建设社区公园、口袋公园等。加强城市湿地生态和水环境修复。大力推进城市生物多样性保护,将生物多样性保护要求纳入城市规划建设和相关标准,开展城市生态功能及生物多样性调查、监测和评估,鼓励有条件的城市对重要物种和特殊生态环境实施精细化保护管理,支持建设一批生物多样性开放地、体验地。持续实施噪声污染防治行动,智能应用噪声地图,全面推动宁静小区建设。加快推进"无废城市"建设,推进固体废物源头减量和资源化利用。鼓励积极发展绿色旅游,依托城市文化底蕴研发推广生态环境文化产品,打造城市生态文化品牌。

4. 提升城市环境健康安全保障能力

加强城市集中式饮用水水源地保护,优化城市备用水源地布局,多渠道多水源保障城市饮用水安全。提高危险废物全过程信息化监管覆盖率,严密防控危险废物环境风险。开展本地特征污染物和新污染物治理。以一次性塑料制品为重点,加强塑料制品生产、流通、消费、回收利用、末端处置全链条治理。加强电磁辐射污染防治，提升电磁辐射环境监管与监测能力。健全生物安全监管预警防控体系，开展外来入侵物种普查、监测预警、影响评估。深化气候适应型城市建设试点，推进海绵城市建设，划定城市洪涝风险控制线，有效提升城市适应气候变化能力。开展居民生态环境健康素养提升行动。

5. 提升城市数智治理效能

加强数字赋能，提高生态环境监管治理协同水平，推动生态环境领域数据平台与城市智能中枢等共性支撑平台互联互通。加强跨部门生态环境治理业务集成、数据联动和共享使用。丰富综合集成、多领域协同的数字化应用场景。强化用能在线监测系统建设。加强城市国土空间监测，动态掌握城市国土空间变化情况，支撑提升城市规划、建设、治理水平。建立健全从山顶到海洋"天空地海"一体化生态环境监测网络体系，鼓励有基础有条件的城市率先建设生态环境监测现代化城市，实现智慧高效生态环境数字化监测。推进实景三维中国建设，搭建统一时空基底。聚焦住宅电梯、供水、供热、供气、污水处理、环卫、城市基础设施生命线安全工程等，分类推进建筑和市政基础设施设备更新。完善生态环境保护公众参与机制，加强生态环境志愿服务队伍建设，激发城市基层环境管理活力。

四、美丽城市建设的推进机制

1. 打造美丽城市示范标杆

在加强各类城市生态环境保护基础上，鼓励若干城市改革创新、先行探索，发挥在破解生态环境治理难题、优化城市空间布局、提供优质生态产品、增进民生环境福祉等方面的示范带动作用。统筹考虑区域特色、发展阶段、城市规模，结合城市生态环境保护工作基础，在东、中、西、东北部等地区分类选取50个左右地级及以上城市，纳入美丽中国先行区建设予以重点支持。鼓励超大特大城市率先探索、形成突破、实现引领。

2. 建设高品质生态社区

持续推动低碳、宜居、清洁、宁静、和谐的生态社区建设。新建社区将低碳节能、生物友好等理念融入社区规划、建设、管理和居民生活之中，积极优化15分钟

美丽城市建设

生活圈要素配置和空间布局，合理规划和建设各类社区绿地，不断提升社区居民生活方式、运营管理、楼宇建筑、基础设施等各方面的绿色低碳及生物多样性友好水平。结合存量住房改造提升、城市老旧小区改造、完整社区建设、市政基础设施设备更新等工作，积极推动社区基础设施绿色化、城区环境生态化。城市积极组织生态社区试点示范，开展社区生态环境志愿服务展示交流活动。到2027年，公开展示100个左右生态社区典型案例。

3. 引导建设各类美丽细胞

鼓励引导各类园区、厂矿企业、学校、街道、庭院等开展丰富多彩的绿色、清洁、零碳引领行动。鼓励有条件的城市和行业企业基于自身实际开展碳足迹试点。推进不同类型城市、产业园区减污降碳协同创新试点，打造能源清洁化、产业绿色化、排放减量化、资源循环化的协同创新模式。持续推进生态工业园区建设。推荐一批生态文明宣教特色园区典型案例和企业生态环境保护开放活动典型案例。利用全国生态日、六五环境日等，用好"美丽中国，我是行动者"等活动品牌，深入开展生态环境宣传教育科普活动。

4. 强化全过程管理

美丽城市建设原则上以地级及以上城市为主体，自主自愿开展。生态环境部会同有关部门根据美丽城市建设任务要求，制定参考指标体系和技术指南。鼓励各城市人民政府以美丽城市建设参考指标体系为基础，根据本地特征细化、优化美丽城市建设要求，结合自身实际编制印发实施方案、规划或行动计划，明确建设目标、重点任务、改革举措和工程项目。国家逐步建立城市生态环境治理评估机制，定期对美丽城市建设进展进行评估，适时发布美丽城市建设评估报告。

5. 多渠道加强资金支持

将城市开发与美丽城市建设有效挂钩，推动一批典型城市编制美丽城市建设重大项目投融资方案，系统谋划、统筹实施美丽城市建设项目，以城市为载体探索区域性环保建设项目金融支持模式。推动将美丽城市建设项目按程序纳入中央生态环境资金项目储备库、生态环保金融支持项目储备库和国家气候投融资重点项目库。拓展多元化投融资模式，积极引导社会资本在美丽城市建设中发挥作用，推动各类金融机构加大美丽城市建设信贷支持力度。鼓励开发性金融机构发挥政银合作、中长期贷款优势,创新融资模式。

第三节 中国式现代化背景下的城市发展

中国式现代化是人与自然和谐共生的现代化,走生态文明发展之路就是要纠正工业化、城市化过程中对生态环境的破坏。在走向生态现代化的进程中,城市作为经济、政治、科技、文化、社会治理的核心载体,发挥着举足轻重的作用。发展壮大城市群和都市圈,分类引导大中小城市发展方向和建设重点,加快转变城市发展方式,推动城市空间结构优化和品质提升。[①]

一、推动城市群一体化发展

以促进城市群发展为抓手,全面形成"两横三纵"城镇化战略格局。优化提升京津冀、长三角、珠三角、成渝、长江中游等城市群,发展壮大山东半岛、粤闽浙沿海、中原、关中平原、北部湾等城市群,培育发展哈长、辽中南、山西中部、黔中、滇中、呼包鄂榆、兰州—西宁、宁夏沿黄、天山北坡等城市群。建立健全城市群一体化协调发展机制和成本共担、利益共享机制,统筹推进基础设施协调布局、产业分工协作、公共服务共享、生态共建环境共治。优化城市群内部空间结构,构筑生态和安全屏障,形成多中心、多层级、多节点的网络型城市群。

二、建设现代化都市圈

依托辐射带动能力较强的中心城市,提高1小时通勤圈协同发展水平,培育发展一批同城化程度高的现代化都市圈。以城际铁路和市域(郊)铁路等轨道交通为骨干,打通各类"断头路""瓶颈路",推动市内市外交通有效衔接和轨道交通

[①] 参见:中华人民共和国国民经济和社会发展第十四个五年规划和2035年远景目标纲要[EB/OL].(2021-03-13)[2025-01-26]. https://www.gov.cn/xinwen/2021/03/13/content_5592681.htm.

美丽城市建设

"四网融合",提高都市圈基础设施连接性贯通性。鼓励都市圈社保和落户积分互认、教育和医疗资源共享,推动科技创新券通兑通用、产业园区和科研平台合作共建。鼓励有条件的都市圈建立统一的规划委员会,实现规划统一编制、统一实施,探索推进土地、人口等统一管理。

三、优化提升超大特大城市中心城区功能

统筹兼顾经济、生活、生态、安全等多元需要,转变超大特大城市开发建设方式,加强超大特大城市治理中的风险防控,促进高质量、可持续发展。有序疏解中心城区一般性制造业、区域性物流基地、专业市场等功能和设施,以及过度集中的医疗和高等教育等公共服务资源,合理降低开发强度和人口密度。增强全球资源配置、科技创新策源、高端产业引领功能,率先形成以现代服务业为主体、先进制造业为支撑的产业结构,提升综合能级与国际竞争力。坚持产城融合,完善郊区新城功能,实现多中心、组团式发展。

四、完善大中城市宜居宜业功能

充分利用综合成本相对较低的优势,主动承接超大特大城市产业转移和功能疏解,夯实实体经济发展基础。立足特色资源和产业基础,确立制造业差异化定位,推动制造业规模化、集群化发展,因地制宜建设先进制造业基地、商贸物流中心和区域专业服务中心。优化市政公用设施布局和功能,支持三级医院和高等院校在大中城市布局,增加文化体育资源供给,营造现代时尚的消费场景,提升城市生活品质。

五、推进以县城为重要载体的城镇化建设

加快县城补短板强弱项,推进公共服务、环境卫生、市政公用、产业配套等设施提级扩能,增强县城综合承载能力和治理能力。支持东部地区基础较好的县城建设,重点支持中西部和东北城镇化地区县城建设,合理支持农产品主产区、重点生态功能区县城建设。健全县城建设投融资机制,更好发挥财政性资金作用,引导金

融资本和社会资本加大投入力度。稳步有序推动符合条件的县和镇区常住人口20万以上的特大镇设市。按照区位条件、资源禀赋和发展基础，因地制宜发展小城镇，促进特色小镇规范健康发展。

六、转变城市发展方式

按照资源环境承载能力合理确定城市规模和空间结构，统筹安排城市建设、产业发展、生态涵养、基础设施和公共服务。推行功能复合、立体开发、公交导向的集约紧凑型发展模式，统筹地上地下空间利用，增加绿化节点和公共开敞空间，新建住宅推广街区制。推行城市设计和风貌管控，落实适用、经济、绿色、美观的新时期建筑方针，加强新建高层建筑管控。加快推进城市更新，改造提升老旧小区、老旧厂区、老旧街区和城中村等存量片区功能，推进老旧楼宇改造，积极扩建新建停车场、充电桩。

七、推进新型城市建设

顺应城市发展新理念新趋势，开展城市现代化试点示范，建设宜居、创新、智慧、绿色、人文、韧性城市。提升城市智慧化水平，推行城市楼宇、公共空间、地下管网等"一张图"数字化管理和城市运行一网统管。科学规划布局城市绿环绿廊绿楔绿道，推进生态修复和功能完善工程，优先发展城市公共交通，建设自行车道、步行道等慢行网络，发展智能建造，推广绿色建材、装配式建筑和钢结构住宅，建设低碳城市。保护和延续城市文脉，杜绝大拆大建，让城市留下记忆，让居民记住乡愁。建设源头减排、蓄排结合、排涝除险、超标应急的城市防洪排涝体系，推动城市内涝治理取得明显成效。增强公共设施应对风暴、干旱和地质灾害的能力，完善公共设施和建筑应急避难功能。加强无障碍环境建设。拓展城市建设资金来源渠道，建立期限匹配、渠道多元、财务可持续的融资机制。

美丽城市建设

八、持续推进城市更新行动[①]

加强既有建筑改造利用 稳妥推进危险住房改造，加快拆除改造D级危险住房，通过加固、改建、重建等多种方式，积极稳妥实施国有土地上C级危险住房和国有企事业单位非成套住房改造。分类分批对存在抗震安全隐患且具备加固价值的城镇房屋进行抗震加固。涉及不可移动文物、历史建筑等保护对象的，按照相关法律法规予以维护和使用，"一屋一策"提出改造方案，严禁以危险住房名义违法违规拆除改造历史文化街区、传统村落、文物、历史建筑。持续推进既有居住建筑和公共建筑节能改造，加强建筑保温材料管理，鼓励居民开展城镇住房室内装修。加强老旧厂房、低效楼宇、传统商业设施等存量房屋改造利用，推动建筑功能转换和混合利用，根据建筑主导功能依法依规合理转换土地用途。

推进城镇老旧小区整治改造 更新改造小区燃气等老化管线管道，整治楼栋内人行走道、排风烟道、通风井道等，全力消除安全隐患，支持有条件的楼栋加装电梯。整治小区及周边环境，完善小区停车、充电、消防、通信等配套基础设施，增设助餐、家政等公共服务设施。加强老旧小区改造质量安全监管，压实各参建单位责任。结合改造同步完善小区长效管理机制，注重引导居民参与和监督，共同维护改造成果。统筹实施老旧小区、危险住房改造，在挖掘文化遗产价值、保护传统风貌的基础上制定综合性保护、修缮、改造方案，持续提升老旧小区居住环境、设施条件、服务功能和文化价值。

开展完整社区建设 完善社区基本公共服务设施、便民商业服务设施、公共活动场地等，建设安全健康、设施完善、管理有序的完整社区，构建城市一刻钟便民生活圈。开展城市社区嵌入式服务设施建设，因地制宜补齐公共服务设施短板，优化综合服务设施布局。引导居民、规划师、设计师等参与社区建设。

推进老旧街区、老旧厂区、城中村等更新改造 推动老旧街区功能转换、业态升级、活力提升，因地制宜打造一批活力街区。改造提升商业步行街和旧商业街

[①] 参见：中共中央办公厅 国务院办公厅关于持续推进城市更新行动的意见[EB/OL].（2025-05-15）[2025-01-26]. https://www.gov.cn/zhengce/202505/content_7023880.htm.

区，完善配套设施，优化交通组织，提升公共空间品质，丰富商业业态，创新消费场景，推动文旅产业赋能城市更新。鼓励以市场化方式推动老旧厂区更新改造，加强工业遗产保护利用，盘活利用闲置低效厂区、厂房和设施，植入新业态新功能。积极推进城中村改造，做好历史文化风貌保护前期工作，不搞大拆大建，"一村一策"采取拆除新建、整治提升、拆整结合等方式实施改造，切实消除安全风险隐患，改善居住条件和生活环境。加快实施群众改造意愿强烈、城市资金能平衡、征收补偿方案成熟的城中村改造项目。推动老旧火车站与周边老旧街区统筹实施更新改造。

完善城市功能　建立健全多层级、全覆盖的公共服务网络，充分利用存量闲置房屋和低效用地，优先补齐民生领域公共服务设施短板，合理满足人民群众生活需求。积极稳步推进"平急两用"公共基础设施建设。完善城市医疗应急服务体系，加强临时安置、应急物资保障。推进适老化、适儿化改造，加快公共场所无障碍环境建设改造。增加普惠托育服务供给，发展兜底性、普惠型、多样化养老服务。因地制宜建设改造群众身边的全民健身场地设施。推动消费基础设施改造升级。积极拓展城市公共空间，科学布局新型公共文化空间。

加强城市基础设施建设改造　全面排查城市基础设施风险隐患。推进地下空间统筹开发和综合利用。加快城市燃气、供水、排水、污水、供热等地下管线管网和地下综合管廊建设改造，完善建设运维长效管理制度。推动城市供水设施改造提标，加强城市生活污水收集、处理和再生利用及污泥处理处置设施建设改造，加快建立污水处理厂网一体建设运维机制。统筹城市防洪和内涝治理，建立健全城区水系、排水管网与周边江河湖海、水库等联排联调运行管理模式，加快排水防涝设施建设改造，构建完善的城市防洪排涝体系，提升应急处置能力。推动生活垃圾处理设施改造升级。加强公共消防设施建设，适度超前建设防灾工程。完善城市交通基础设施，发展快速干线交通、生活性集散交通和绿色慢行交通，加快建设停车设施。优化城市货运网络规划设计，健全分级配送设施体系。推进新型城市基础设施建设，深化建筑信息模型（BIM）技术应用，实施城市基础设施生命线安全工程建设。

美丽城市建设

修复城市生态系统 坚持治山、治水、治城一体推进,建设连续完整的城市生态基础设施体系。加快修复受损山体和采煤沉陷区,消除安全隐患。推进海绵城市建设,保护修复城市湿地,巩固城市黑臭水体治理成效,推进城市水土保持和生态清洁小流域建设。加强建设用地土壤污染风险管控和修复,确保污染地块安全再利用。持续推进城市绿环绿廊绿楔绿道建设,提高乡土植物应用水平,保护城市生物多样性,增加群众身边的社区公园和口袋公园,推动公园绿地开放共享。

保护传承城市历史文化 衔接全国文物普查,扎实开展城市文化遗产资源调查。落实"老城不能再拆"的要求,全面调查老城及其历史文化街区,摸清城镇老旧小区、老旧街区、老旧厂区文化遗产资源底数,划定最严格的保护范围。开展文化遗产影响评价,建立健全"先调查后建设""先考古后出让"的保护前置机制。加强老旧房屋拆除管理,不随意拆除具有保护价值的老建筑、古民居,禁止拆真建假。建立以居民为主体的保护实施机制,推进历史文化街区修复和不可移动文物、历史建筑修缮,探索合理利用文化遗产的方式路径。保护具有重要历史文化价值、体现中华历史文脉的地名,稳妥清理不规范地名。加强城市更新重点地区、重要地段风貌管控,严格管理超大体量公共建筑、超高层建筑。

第二章

绿色低碳城市

绿色低碳城市是指以生态文明观为核心理念，通过优化资源配置、降低能源消耗、减少污染排放和提升生态环境质量，实现经济、社会和生态效益协同发展的城市发展模式，其目标是在人口、资源、环境和经济之间建立良性循环。通过发展城市绿色产业、实现工业园区绿色低碳发展、推动城市交通运输低碳发展、提升城市建筑绿色低碳水平，建设美丽城市。

第一节 发展城市绿色产业

建设美丽城市，必须发展城市绿色产业。以"绿水青山就是金山银山"理念为指导，以推动高质量发展为导向，大力发展城市绿色产业，增强经济发展的新动能，为建设绿色低碳城市奠定经济基础。[1]

一、加快构建绿色技术创新体系

1. 加大绿色技术攻关力度

加快建立企业为主体、产学研深度融合、基础设施和服务体系完备、资源配置高效、成果转化顺畅的绿色技术创新体系；加强绿色制造关键核心技术攻关，根据绿色技术与装备推广目录，聚焦节能环保、清洁生产、清洁能源、生态保护与修复、城乡绿色基础设施、绿色建筑、生态农业等领域，突破一批原创性、绿色技

---

[1] 参见：江苏省人民政府关于推进绿色产业发展的意见[EB/OL]．（2020-03-27）[2025-01-26]．https://www.js.gov.cn/art/2020/4/1/art_46143_9029775.html．

美丽城市建设

术;通过参与相关的科技专项、研发计划和科学基础设施建设,实施一批绿色技术创新重大研发项目。

2. 强化绿色技术创新载体培育

开展绿色技术创新企业培育行动,培育一批绿色技术创新企业、绿色企业技术中心,创建一批绿色技术创新示范企业;支持龙头企业整合创新资源建立一批绿色技术创新联合体、绿色技术创新联盟;聚焦绿色技术领域创建一批制造业创新中心等载体;提高双创示范基地绿色产业发展水平,激发高校、科研院所绿色技术创新活力,支持高校设立绿色技术创新人才培养基地,加大绿色技术创新领军人物、拔尖人才和企业家培养引进力度。

3. 促进绿色技术创新成果转化

完善绿色技术全链条转移转化机制,建立一批绿色技术转移、交易和产业化服务平台,推进先进技术成果转化和示范应用;建设区域性、专业性绿色技术交易市场;加强绿色技术交易中介机构能力建设,创建一批绿色技术创新第三方检测、评价、认证等中介服务机构,培育一批专业化绿色技术创新经纪人;支持企业、高校、科研机构等建立绿色技术创新项目孵化器、创新创业基地。

二、全面提升绿色产业竞争力

1. 优化城市产业空间布局

优化城市产业空间布局需要统筹资源、生态、经济和社会等多维目标,形成以科学规划为导向、市场需求为驱动、创新和绿色为核心的现代产业体系。合理划定功能区,明确不同区域的主导功能,优先布局高附加值、低污染、高技术含量的产业,逐步淘汰落后产能和高污染产业,打造特色产业集群;强化区域协同,布局"产业走廊",推进产业分工,发展数字经济,建设智慧产业园区,培育创新生态;建设循环经济示范区,发展生态工业园区,保护生态空间;引导企业合理布局,推进公共服务均等化。

2. 推动传统产业绿色化转型升级

强化能耗、水耗、环保、安全和技术等标准约束,实施重污染行业达标排放改造工程，完成钢铁行业超低排放改造，促进石化、建材、印染等重点行业清洁生产和园区化发展；推进化工企业全面开展清洁生产，规范化工园区发展，依法依规淘汰环保不达标、安全没保障、技术低端落后的企业和项目，推动化工产业向集中化、大型化、特色化、基地化转变，支持符合条件的化工园区创建国家新型工业化示范基地；巩固去产能成果，严格产能置换，防止新增过剩产能，利用综合标准依法依规淘汰落后产能；加快建设绿色制造体系，实施一批绿色制造示范项目，打造一批具有示范带动作用的绿色工厂和绿色供应链；以智能化、绿色化、服务化、补短板、提升安全生产水平、提升质量水平为方向，组织推动一批高水平、大规模技术改造项目；加快传统产业智能化改造，推进制造过程、装备、产品智能化升级，鼓励企业开展智能工厂、数字车间升级改造，探索建立智能制造示范区。

3. 培育壮大绿色新兴产业

实施产业基础再造工程和工匠培育工程，打好产业基础高级化和产业链现代化攻坚战，构建自主可控、安全高效的绿色产业链；实施绿色循环新兴产业培育工程，壮大节能环保、生物技术和新医药、新能源汽车等绿色战略性新兴产业规模，加快培育形成新动能；加快推进新一代信息技术、现代生命科学和生物技术、新材料等高端产业发展，支持人工智能、虚拟现实、氢能、增材制造、量子通信、生物基可降解材料、区块链等绿色未来产业抢占技术制高点；大力培育环保市场，提高先进制造业绿色水平。

4. 提升现代服务业绿色发展水平

大力发展研发设计、科技服务、信息咨询、现代金融等生产性服务业；加快发展节能和环境服务业，重点聚焦生态保护和节能减排工程咨询、能源审计、清洁生产审核和节能审计等第三方节能环保服务；积极发展绿色物流业，实现仓储、运输、包装、配送物流供应链的绿色低碳发展；加快发展生态旅游文化产业，积极创建国家级生态旅游示范区；大力发展大健康产业，建设集健康保健、休闲养生、康复养老、旅游度假于一体的康养综合体，加快发展健身休闲产业；引导数字经济、共享经济、平台经济、创意经济、体验经济等新模式有序发展，推进服务业集聚示范区提档升级。

5. 增强绿色农业发展新优势

大力发展生态循环农业和智能农业，积极发展绿色有机种植和生态健康养殖业，建设优质稻米、绿色蔬菜产业化基地，畜禽生态健康、水产健康养殖示范基地，创建国家绿色农业发展先行区；深入实施化肥减量增效、农药使用零增长、池塘生态化改造工程，推进绿色防控示范区（县）建设，高质量建设绿色优质农产品基地；构建现代农业产业绿色发展技术支撑体系，推进现代生态循环农业试点县、村建设，提升农业科技园和农业产业园建设水平；积极推广种养循环、轮作休耕、稻田综合种养技术和模式，整体推进高标准农田建设，探索建设生态型高标准农田。

6. 强化绿色基础产业支撑

推动能源产业结构和消费结构双优化，加快构建清洁低碳、安全高效的能源体系；实施清洁能源产业化工程，有序扩大风能、太阳能、生物质能、核能、地热能等绿色能源供给；实施能源系统提效工程，推进分布式能源市场化交易，加快关停淘汰落后煤电机组；大力发展绿色交通产业，构建绿色低碳的交通网络，深入开展绿色建筑创建行动，推行绿色施工，积极稳妥发展装配式建筑，推动装配化装修，推广绿色建材，开展超低能耗建筑和近零能耗建筑试点示范。

三、做大做强绿色产业发展载体

1. 积极培育绿色企业集群

鼓励企业加大绿色制造投入，开展关键技术攻关，打造一批市场竞争力强的旗舰型企业；推行绿色招商，建立绿色招商引资准入门槛，制定重点行业绿色招商导向清单；培育一批专精特新"小巨人"企业；加大企业绿色技术改造力度，推动企业兼并重组，小散企业集聚提升，加快培育一批环保标杆企业；鼓励企业开展全生命周期绿色设计，实施绿色制造示范、绿色制造系统集成、系统解决方案供应商等工程项目；实施中小企业清洁生产水平提升计划，搭建"互联网+"清洁生产服务平台，鼓励企业推广应用先进节能、节水、节材产品和工艺。

2. 持续扩大绿色产品有效供给

实施园区循环化改造提升工程，推动企业循环式生产、产业循环式组合，搭建资源共享、废物处理公共平台，提高能源资源综合利用效率；支持园区探索开展环境管家、绿色联盟、产业共生、第三方环境服务等创新发展模式，推广绿色整体服务和全过程服务；鼓励开发区创建生态工业示范园区、循环化改造示范试点园区，支持国际合作生态园区建设；鼓励采用云计算、大数据、物联网等现代信息技术，打造智慧化园区；支持园区探索功能混合布局和复合开发，加强与周边城区的现代基础设施联系和公共服务设施共享，建设人产城融合示范区。

3. 持续扩大绿色产品有效供给

加快实施统一的绿色产品标准、认证、标识，实施统一的绿色产品评价标准清单和认证目录，逐步扩大节能产品、环境标志产品认证范围；实行绿色产品领跑者计划，鼓励企业开展绿色设计、绿色改造、绿色采购，支持企业生产环保、节能节水、循环低碳、再生有机等绿色产品；健全绿色产品认证有效性评估与监督机制，建立一批绿色产品标准、认证、检测专业服务机构，加大绿色产品推广使用力度；打造一批特色鲜明的绿色产品生产企业集聚区，支持符合条件的地区创建国家绿色产品认证试点城市；完善农产品质量安全追溯体系，规范农产品质量安全监管，培育一批具有较强竞争力的特色优质农产品品牌，积极发展绿色有机农产品。

四、积极拓展绿色产业发展空间

1. 提升产业融合发展水平

加快制造业和服务业融合步伐，鼓励制造企业向"产品+服务+技术+系统解决方案"转型，培育一批集"智能制造+增值服务"功能于一体的"两业"深度融合发展企业、平台和示范区；深入开展先进制造业和现代服务业深度融合试点；围绕智能工厂建设、工业互联网创新应用、柔性化定制、共享生产平台、全生命周期管理、供应链管理、服务衍生制造等领域，加快培育融合发展新业态新模式；促进"互联网+""生态+""文化+""旅游+"融合发展，提升军民深度融合发展水平。

美丽城市建设

2. 大力发展循环经济

实施余热余压回收、中水回用、废渣资源化等绿色化改造工程，促进生产过程废弃物和资源循环利用；围绕垃圾分类与"两网融合"、建筑垃圾资源化综合利用、再制造和再生资源利用、水资源综合利用、生产者责任延伸等领域，实施一批循环经济工程项目，实施生活垃圾强制分类；构建线上线下融合的废旧资源回收和循环利用体系，提高塑料袋、电子废弃物、废旧轮胎、废旧金属、废旧沥青路面材料的再生利用水平；实施大宗固体废弃物循环综合利用工程；扎实推进秸秆机械化还田，开展秸秆综合利用整县推进试点，鼓励多种形式秸秆离田利用，巩固提升秸秆综合利用水平；全面落实最严格水资源管理制度，加强工业节水减排，推进节水技术改造，严控高耗水服务业用水，加强农业节水增效，推广高效节水灌溉技术，支持沿海地区开展海水淡化等非常规水利用，开展水效领跑者引领行动。

3. 加快发展低碳经济

加强重点行业能源智慧化管理，实施节能改造和用能监测预警，完善新能源和替代能源标准，探索建立从项目审批源头落实高耗能、高耗水、高排放及低效率项目监管体制，进一步提高绿色准入门槛；实施能效提升计划；实施近零碳排放区示范工程，深入开展低碳社区、低碳商业、低碳旅游、低碳企业试点；创新市场化节能减排手段，培育壮大一批碳交易、碳资产管理服务公司，创建零碳园区、零碳工厂，符合条件的地区创建国家低碳城市。

4. 打造绿色消费新引擎

大力推广绿色消费理念，完善促进绿色消费的政策体系，深入开展反过度包装、反食品浪费、反过度消费行动，倡导简约适度、绿色低碳的生活方式和消费方式；开展绿色出行创建活动，鼓励公众降低私家车使用强度，提高城市公共交通、步行、自行车等绿色出行水平；完善绿色产品市场准入和追溯制度，推广生产者责任延伸制度，加快形成安全、便利、诚信的绿色消费环境；支持各地开设跳蚤市场，鼓励企业开设闲置物品网络交易平台，提高闲置物品利用率；倡导餐饮企业提供小份餐饮、自主餐饮和分餐制等节俭用餐服务，推行绿色餐饮自律，提升餐饮外卖、快递包装等行业绿色发展水平。

5. 推进绿色产业开放合作

大力发展绿色贸易技术，扩大节能、节水、节材等先进技术和设备进出口，鼓励采用境外投资、工程承包、技术合作、装备出口等方式，推动绿色制造和绿色服务率先"走出去"；引导外资投向高端制造、智能制造和绿色制造领域，支持外商投资企业实施绿色化改造项目；搭建绿色产品交易平台，加强绿色供应链国际合作，推动绿色贸易发展和贸易融资绿色化；深化区域绿色产业科技合作，探索建立绿色产业发展区域合作联盟，共同推进绿色技术攻关，共建绿色产业集群；探索建立园区合作利益共建共享机制，统筹推进产业转移和产业转型，发展"飞地经济"，加快形成一批合作园区管理模式、先进经验和品牌。

6. 提升产业安全生产治理能力

牢固树立安全红线意识，综合运用市场化、法治化等手段，加强全方位、全流程管控，大幅提升本质安全水平；坚持源头治理，严格项目安全、环保、能耗准入审查；严格落实企业主体责任，建立企业生产经营全过程安全生产责任追溯制度，聚焦化工、危化品等重点行业领域，深入开展安全生产专项整治行动；建立线上监管与线下现场执法协调机制，完善安全生产经济政策和法律、法规、标准体系，推动安全生产治理体系和治理能力现代化。

7. 强化产业发展污染治理

加强大气环境治理，推进重点行业实施深度治理和节能改造，鼓励家具、汽修等行业污染工艺过程使用"共性工厂"，按照"集中建设、共享治污"理念，建设可供中小企业生存发展的"绿岛"，促进温室气体与大气污染物排放协同治理；强化水环境治理，严格饮用水水源地保护，推进应急备用水源地建设，加强水源地长效保护；统筹推进工业、城镇生活、农业农村、船舶港口等水污染治理，加快城乡黑臭水体治理，推进"污水处理提质增效达标区"建设；沿海城市健全海洋生态环境监测体系，建立湾（滩）长制协调机制；推进重点区域生态保护，积极推进退圩还湖、探索开展湖泊生态清淤、聚泥成岛试点；强化土壤环境治理，推进土壤治理与修复技术应用试点，实施重金属重点防控区专项整治以及涉镉等重金属行业企业排查整治行动；加强农业面源污染防治，提高畜禽粪污综合利用率，推进畜禽、

美丽城市建设

水产健康养殖；建立危险废物全周期环境监管体系，推进解决工业固体废物遗留问题，建设"无废城市"。

第二节　工业园区绿色低碳发展

工业园区要走创新、协调、绿色发展的新型工业化道路，实现从科技价值到经济价值再到社会价值的转变。[①]

一、推动工业园区节能减排

1. 降低园区污染物产生量

以绿色技术驱动源头降低污染物产生量为核心，深化生产全过程和园区系统化污染防治，推动联防联控和区域共治，切实改善环境质量，降低环境风险；结合各地工业园区的特点，高度重视新兴污染物和有毒有害污染物排放，加大对电子信息、生物医药、新材料等产业污染物排放的全过程防控和治理；引导传统重污染行业的绿色技术进步和产业结构优化升级，加大清洁能源使用，推进能源梯级利用；持续削减化学需氧量、氨氮、二氧化硫、氮氧化物、挥发性有机化合物、细颗粒物等主要污染物和温室气体等的产生量和排放量；完善能源、环境基础设施升级及配套管网建设，持续推动重点行业的清洁生产审核工作，深入开展园区用排水全过程的精细化、智能化和可持续水管理，实施水污染源的排放闭环和循环利用技术改造。

2. 降低园区化石能源消耗

鼓励工业园区推行资源能源环境数字化管理，实现智能化管控，加强生产制造过程精细化管控，减少生产过程中资源消耗；园区建立统一的能源申报管理平台，做好园区二氧化碳排放量核算，实施碳达峰年度报告制度；加快推进智能交通基础

[①] 参见：科技部关于印发《国家高新区绿色发展专项行动实施方案》的通知[EB/OL].（2021-02-02）[2025-01-26]. https://www.most.gov.cn/xxgk/xinxifenlei/fdzdgknr/fgzc/gfxwj/gfxwj2021/202102/t20210202_172685.html.

设施、智慧能源基础设施建设；倡导绿色低碳生活方式和全面节能降耗，引导企业积极践行绿色生产方式，探索建设"碳中和"示范园区。

3. 构建绿色发展新模式

在工业园区现有产业基础上，推动园区绿色、低碳、循环、智慧化改造，以增量优化带动存量提升，促进产业向高端化、智能化、绿色化融合发展；园区要编制绿色发展规划，开展国家生态工业示范园区、绿色园区等示范试点创建；加快产业转型升级，着力发展环境友好型产业，严格控制高污染、高耗能、高排放企业入驻；对重点行业企业用地加强督查评估，提高土地集约利用水平，土地开发利用应符合土壤环境质量要求。

二、开展绿色低碳循环改造[①]

1. 促进能源高效清洁利用

组织开展工业企业节能诊断服务，推进节能降碳技术改造，推动企业产品结构、生产工艺、技术装备优化升级，推进能源梯级利用和余热余压回收利用；支持企业建设光伏、光热、地源热泵和智能微电网，适用时可采用风能、生物质能等，提高可再生能源使用比例。

2. 推进资源节约集约循环利用

推进水资源循环利用，提高工业用水重复利用和中水回用，提高水资源产出率；以"亩均论英雄"评价为导向，推动企业提高单位面积土地资源产出率；树立"无废城市"理念，引导企业加强工业固体废物源头减量和综合利用，充分回收利用余热资源、废气资源和可再生资源。

3. 加快基础设施建设提升

加强工业废水、废气、废渣等污染物集中治理设施建设及升级改造，深化"污水零直排区"建设；新建建筑应按照GB/T 50378、GB/T 50878要求设计、建造和运营，减少建筑能源资源消耗；建设以节能或新能源公交车为主体的园区公共交通设施。

---

① 参见：浙江省发布《关于加快推进绿色低碳工业园区建设工作的通知》[EB/OL].（2022—03—28）[2025—01—26]. https://jxt.zj.gov.cn/art/2022/3/28/art_1582899_23457.html.

美丽城市建设

4. 推动产业结构优化升级

推进高碳产业绿色低碳转型，重点发展高新技术产业、节能环保和新能源等绿色产业，鼓励发展信息技术服务、咨询服务、节能与环保服务和生产性支持服务等现代服务业，推动园区产业结构绿色化、低碳化。

5. 打造绿色低碳生态环境

推行工业固体废弃物无害化处理，推动开展减污降碳协同增效试点；重点企业全面推行清洁生产，鼓励企业采取低碳技术、环保技术措施，降低污染物排放强度和产废强度；加强空气、土壤和地下水环境质量监测，提高绿化覆盖率；规范落实重点园区和重点企业地下水污染风险管控要求。

6. 提升运行管理绿色智慧水平

结合园区产业基础，建立绿色低碳工业园区标准体系；重视规划引领，每五年编制一次绿色低碳工业园区发展规划；建立能耗在线监测管理平台、环境监测管理平台，定期对监测数据进行分析和提出持续改善措施；创建局域网定期发布绿色低碳发展相关信息。

三、引导工业园区加强绿色技术供给

1. 加强绿色技术研发攻关

支持工业园区围绕产业绿色发展、生态环境治理等领域，加快培育绿色技术创新主体与绿色技术成果，全面增强绿色创新发展的引领支撑能力；开展园区工业废水近零排放科技创新行动，做好管网及污水处理设施建设及有毒有害污染物监测，以企业内废水处理和园区污水处理厂综合处理为基础，形成园区污水近零排放整体方案；围绕节能环保、清洁生产、清洁能源、生态保护与修复、臭氧污染治理、资源回收利用、城市绿色治理等重点领域实施一批绿色技术重点研发项目，培育一批绿色技术创新龙头企业和绿色技术创新企业，支持企业创建绿色技术工程研究中心、绿色企业技术中心、绿色技术创新中心等。

2. 构建绿色技术标准及服务体系

支持工业园区建立绿色技术创新发展标准体系和服务体系，加速绿色技术和产品的创新开发和推广应用；引导园区强化绿色标准贯彻实施，引导企业运用绿色技术进行升级改造，推进标准实施效果评价和成果应用；支持园区强化绿色技术创新服务体系建设，加快专利转化和技术交易，提供节能环保技术装备发布展示、清洁生产审核服务、园区循环化改造咨询、第三方合同能源管理、"环保管家"服务、企业需求发布对接等服务。

3. 推行绿色制造

鼓励园区按照用地集约化、生产清洁化、能源低碳化、废物资源化原则，开展绿色产品、绿色工艺、绿色建筑等改造；支持企业推行资源能源环境数字化、智能化管控系统，加强生产制造精细化、智能化管理，优化过程控制，减少生产过程中资源消耗和环境影响；建立覆盖采购、生产、物流、销售、回收等环节的绿色供应链管理体系，支持企业申报绿色供应链管理示范企业；推动工业绿色低碳循环发展，开展工业节能监察，推进节能技术改造和应用，促进落后产能依法依规退出。

四、支持工业园区发展绿色产业

1. 进一步优化产业结构

鼓励工业园区更多采用清洁生产技术，采用环境友好的新工艺、新技术，实现投入少、产出高、污染低，尽可能把污染物排放消除在生产过程；推进智能化、信息化、绿色化等有关产业类项目的融通发展，着力培育绿色产业集群，持续引导有条件的园区重点布局国家急需的战略性新兴产业、未来产业和重大前沿性领域，积极稳妥推进落后产能、过剩产能的腾退与升级改造；工业园区要从所在区域的产业发展重点领域、产业定位及产业链的上下游配套出发，制定出台产业转移、整合、协作的推进机制和考核机制，推动形成优势互补、协调统筹、高质量发展的绿色发展整体布局。

2. 建立绿色产业专业孵化与服务机构

引导各工业园区、科技型绿色示范企业、投融资机构建设绿色产业专业孵化器、众创空间，支持综合型孵化器、众创空间面向绿色发展实施精准孵化；支持孵化机构围绕企业需求加强绿色技术创新服务体系建设，搭建公共技术研发、检验检测、外包定制等服务平台，提供绿色产业专业化服务。

3. 搭建绿色产业创新联盟

以绿色产业示范集群为依托，整合并共享联盟资源，围绕绿色产业补短板、强弱项、延链条；组建以企业为核心，高校、科研院所、新型研发机构、双创载体等深度参与的园区绿色发展创新联盟，强化产业链前端的技术供给，通过技术转移机构搭建大学和企业之间的桥梁；通过现代绿色发展项目资本对接会，进一步打通科技、资本等要素对接绿色产业的通道。

4. 构建绿色产业发展促进长效机制

引导工业园区通过完善绿色发展政策制度，规范企业绿色产业发展，支持节能环保等绿色产业做大做强；建立绿色技术创新成果转化平台，促进绿色科技成果转化应用；结合市场导向和政府人才引进的双向需求，统筹推进绿色发展产业人才引进工作，进一步打通人才服务绿色发展的通道。

5. 健全绿色产业金融体系

支持工业园区构建绿色产业金融体系，通过创新性金融制度安排，引导和激励绿色技术银行及更多社会资本投入绿色产业领域，推动园区创新水平整体提升；鼓励园区管理机构引导基金和社会资本优先支持绿色、低碳、循环经济的产业项目，探索建立绿色项目储备库和限制进入名单库，建立起贯穿生产、销售、结算、投融资的"全链条"绿色金融服务体系，扩大绿色金融服务的覆盖面。

第三节　城市交通运输低碳发展

绿色低碳城市的交通运输，必须处理好发展和减排、整体和局部、短期和中长期的关系，以推动交通运输节能降碳为重点，协同推进交通运输高质量发展和生态环境高水平保护，加快形成绿色低碳的运输方式。①

---

① 参见：交通运输部关于印发《绿色交通"十四五"发展规划》的通知[EB/OL]. （2022−03−28）[2025−01−26]. https://www.gov.cn/zhengce/zhengceku/2022−01/21/content_5669662.htm.

一、建设绿色交通基础设施

1. 优化交通基础设施空间布局

强化国土空间规划对美丽城市交通基础设施规划建设的指导约束作用，推动形成与生态保护红线相协调、与资源环境承载力相适应的综合立体交通网；进一步加强交通基础设施规划和建设项目环境影响评价，保障规划实施与生态保护要求相统一；强化交通建设项目生态选线选址，将生态环保理念贯穿交通基础设施规划、建设、运营和维护全过程，合理避让具有重要生态功能的国土空间；建设集约化、一体化绿色综合交通枢纽；合理有序开发港口岸线资源，发展集约化和专业化港区，促进区域航道、锚地和引航等资源共享共用。

2. 深化绿色公路建设

因地制宜推进新开工的高速公路全面落实绿色公路建设要求，鼓励普通国省干线公路按照绿色公路要求建设，引导有条件的农村公路参照绿色公路要求协同推进"四好农村路"建设；强化公路生态环境保护工作，做好原生植被保护和近自然生态恢复、动物通道建设、湿地水系连通等工作，降低新改（扩）建项目对重要生态系统和保护物种的影响；推动交通基础设施标准化、智能化、工业化建造，强化永临结合施工，推进建养一体化，降低全生命周期资源消耗；完善生态环境敏感路段跨河桥梁排水设施建设及养护；加强服务区污水、垃圾等污染治理，鼓励老旧服务区开展节能环保升级改造，新建公路服务区推行节能建筑设计和建设；提高交通基础设施固碳能力；推动交通与旅游融合发展，完善客运场站等交通设施旅游服务功能，因地制宜打造一批旅游公路、旅游服务区。

3. 深入推进绿色港口和绿色航道建设

全面提升港口污染防治、节能低碳、生态保护、资源节约循环利用及绿色运输组织水平，持续推进绿色港口建设工作，鼓励有条件的港区或港口整体建设绿色港区（港口）；推动内河老旧码头升级改造，积极推进散乱码头优化整合和有序退出，鼓励开展陆域、水域生态修复；加大绿色航道建设新技术、新材料、新工艺和新结构引进和研发力度，积极推动航道治理与生境修复营造相结合，加快推广航道

美丽城市建设

工程绿色建养技术，优先采用生态影响较小的航道整治技术与施工工艺，推广生态友好型新材料、新结构在航道工程中的应用，加强水生生态保护，及时开展航道生态修复和生态补偿；探索建设集岸电、船用充电、污染物接收、LNG加注等服务于一体的内河水上绿色航运综合服务区；开展旅游航道建设，打造一批具有特色功能的旅游航道和水上旅游客运线路。

4. 推进交通资源循环利用

推广交通基础设施废旧材料、设施设备、施工材料等综合利用，鼓励废旧轮胎、工业固废、建筑废弃物在交通建设领域的规模化应用；在西北、华北等干旱缺水城市，鼓励高速公路服务区、枢纽场站等污水循环利用和雨水收集利用。推进航道疏浚土综合利用。

二、提升综合运输能效

1. 持续优化调整运输结构

加快推进港口集疏运铁路、物流园区及大型工矿企业铁路专用线建设，推动大宗货物及中长距离货物运输"公转铁""公转水"；推进港口、大型工矿企业大宗货物主要采用铁路、水运、封闭式皮带廊道、新能源和清洁能源汽车等绿色运输方式；统筹江海直达和江海联运发展，积极推进干散货、集装箱江海直达运输，提高水水中转货运量。

2. 提高运输组织效率

深入推进多式联运发展，推进综合货运枢纽建设，推动铁水、公铁、公水、空陆等联运发展；推进多式联运示范工程建设，加快培育一批具有全球影响力的多式联运龙头企业；探索推广应用集装箱模块化汽车列车运输，提高多式联运占比；推动城市建筑材料及生活物资等采用公铁水联运、新能源和清洁能源汽车等运输方式；开展城市绿色货运配送示范工程建设，鼓励共同配送、集中配送、分时配送等集约化配送模式发展；引导网络平台道路货物运输规范发展，有效降低空驶率。

3. 加快构建绿色出行体系

因地制宜构建以城市轨道交通和快速公交为骨干、常规公交为主体的公共交通出行体系，强化"轨道+公交+慢行"网络融合发展；深化城市公交建设，持续改善公共交通出行体验；开展绿色出行创建行动，改善绿色出行环境，提高城市绿色出行比例；完善城市慢行交通系统，提升城市步行和非机动车的出行品质，构建安全、连续和舒适的城市慢行交通体系。

三、构建低碳交通运输体系

1. 加快新能源和清洁能源运输装备推广应用

加快推进城市公交、出租、物流配送等领域新能源汽车推广应用，鼓励开展氢燃料电池汽车应用；推进新增和更换港口作业机械、港内车辆和拖轮、货运场站作业车辆等优先使用新能源和清洁能源；推动公路服务区、客运枢纽等区域充（换）电设施建设；因地制宜推进公路沿线、服务区等适宜区域合理布局光伏发电设施；深入推进内河LNG动力船舶推广应用，支持沿海及远洋LNG动力船舶发展，推动加快内河船舶LNG加注站建设，推动沿海船舶LNG加注设施建设；因地制宜推动纯电动旅游客船应用；积极探索油电混合、氢燃料、氨燃料、甲醇动力船舶应用。

2. 促进岸电设施常态化使用

加快现有营运船舶受电设施改造，不断提高受电设施安装比例；有序推进现有码头岸电设施改造；加强低压岸电接插件国家标准宣贯和实施，加强岸电设施检测与运营维护；加强岸电使用监管，确保已具备受电设施的船舶在具备岸电供电能力的泊位靠泊时按规定使用岸电。

四、推进交通污染深度治理

1. 持续加强船舶污染防治

严格落实船舶大气污染物排放控制区各项要求，会同相关部门保障船用低硫燃油供应，降低船舶硫氧化物、氮氧化物、颗粒物和挥发性有机物等排放，适时评估排放控制区实施效果；推进船舶大气污染物监测监管试验区建设，加强船舶污染设施设备配备及使用情况监督检查；持续推进港口船舶水污染物接收设施有效运行，并确保与城市公共转运处置设施顺畅衔接，积极推进船舶污染物电子联单管理，提

美丽城市建设

高船舶水污染物联合监管信息化水平；严格执行内河港口船舶生活垃圾接收政策；开展内河船舶的防污染设施改造和加装；严格执行船舶强制报废制度，鼓励提前淘汰高污染、高耗能老旧运输船舶。

2. 进一步提升港口污染治理水平

统筹加强既有码头自身环保设施维护管理和新建码头环保设施建设使用，确保稳定运行，推进水资源循环利用；加快推进干散货码头堆场防风抑尘设施建设和设备配置；有序推进原油、成品油码头和船舶油气回收设施建设、改造及使用，完善操作管理规定和配套标准规范；提升水上化学品洗舱站运行效率。

3. 深入推进在用车辆污染治理

推动全面实施汽车排放检验与维护制度（I/M制度），加快建立超标排放汽车闭环管理联防联控机制，强化在用汽车排放检验与维修治理；研究完善道路运输车辆燃料消耗量限值准入制度；规范维修作业废气、废液、固废和危险废物存储管理，推广先进维修工艺和设备，推进汽车绿色维修。

五、强化绿色交通科技支撑

1. 推进绿色交通科技创新

构建市场导向的绿色技术创新体系，支持新能源运输装备和设施设备、氢燃料动力车辆及船舶、LNG和生物质燃料船舶等应用研究；加快新能源汽车性能监控与保障技术、交通能源互联网技术、基础设施分布式光伏发电设备及并网技术研究；深化交通污染综合防治等关键技术研究，重点推进船舶大气污染和碳排放协同治理、港口与船舶水污染深度治理、交通能耗与污染排放监测监管等新技术、新工艺和新装备研发；推进交通廊道与基础设施生态优化、路域生态连通与生态重建、绿色建筑材料和技术等领域研究；推进绿色交通与智能交通融合发展；鼓励行业各类绿色交通创新主体建立创新联盟，建立绿色交通关键核心技术攻关机制。

2. 加快节能环保关键技术推广应用

加大已发布的交通运输行业重点节能低碳技术推广应用力度，重点遴选一批减排潜力大、适用范围广的节能低碳技术，强化技术宣传、交流、培训和推广应用；

依托交通运输科技示范工程强化节能环保技术集成应用示范与成果转化。

3. 健全绿色交通标准规范体系

加强新技术、新设备、新材料、新工艺等方面标准的有效供给；制修订新能源车辆蓄电池、沥青路面材料和建筑垃圾循环利用等标准；制修订营运车船和港口机械装备能耗限值准入、新能源和燃料电池营运车辆技术要求、城市轨道交通绿色运营等标准；配合制修订港口、营运车船、服务区、汽车维修等设施设备污水、废气排放限值等标准；制修订公路、港口及航道等设施的生态保护等标准。

六、完善绿色交通监管体系

1. 完善绿色发展推进机制

健全完善交通运输部门碳达峰碳中和工作组织领导体系，强化部门协同联动；统筹开展交通运输领域碳减排和碳达峰路径、重大政策与关键技术研究；探索碳积分、合同能源管理、碳排放核查等市场机制在行业的应用。

2. 强化绿色交通评估和监管

完善绿色交通统计体系，推进公路、水运、城市客运等能耗、碳排放及污染物排放数据采集；鼓励统筹既有监测能力，利用在线监测系统及大数据技术，建设监测评估系统；结合国家能源消费总量和强度目标"双控"考核、交通运输综合督查等，完善评估考核方案及管理制度，重点针对碳达峰工作以及优化运输结构、船舶及港口污染防治、新能源运输装备、绿色出行等重点任务推进情况开展检查与评估；依托交通运输行业信用体系建设，强化绿色交通监管能力。

第四节 提升城市建筑绿色低碳水平

建设绿色低碳城市，必须加快绿色建筑建设，转变建造方式，积极推广绿色建材，推动建筑运行管理高效低碳，实现建筑全寿命期的绿色低碳发展，不仅极大促

美丽城市建设

进城市建设绿色发展，并且有力支持"双碳"行动。[①]

一、提升绿色建筑发展质量

1. 加强高品质绿色建筑建设

推进绿色建筑标准实施，加强规划、设计、施工和运行管理；倡导建筑绿色低碳设计理念，充分利用自然通风、天然采光等，降低住宅用能强度，提高住宅健康性能；推动有条件地区政府投资公益性建筑、大型公共建筑等新建建筑全部建成星级绿色建筑；引导地方制定支持政策，推动绿色建筑规模化发展，鼓励建设高星级绿色建筑；降低工程质量通病发生率，提高绿色建筑工程质量；开展绿色农房建设试点。

2. 完善绿色建筑运行管理制度

加强绿色建筑运行管理，提高绿色建筑设施、设备运行效率，将绿色建筑日常运行要求纳入物业管理内容；建立绿色建筑用户评价和反馈机制，定期开展绿色建筑运营评估和用户满意度调查，不断优化提升绿色建筑运营水平；鼓励建设绿色建筑智能化运行管理平台，充分利用现代信息技术，实现建筑能耗和资源消耗、室内空气品质等指标的实时监测与统计分析。

二、提高新建建筑节能水平

按照《建筑节能与可再生能源利用通用规范》确定的节能指标，分阶段、分类型、分气候区提高城镇新建民用建筑节能强制性标准，重点提高建筑门窗等关键部品节能性能要求，推广地区适应性强、防火等级高、保温隔热性能好的建筑保温隔热系统；推动政府投资公益性建筑和大型公共建筑提高节能标准，严格管控高耗能公共建筑建设；重点区域制定更高水平节能标准，开展超低能耗建筑规模化建设，推动零碳建筑、零碳社区建设试点；在其他地区开展超低能耗建筑、近零能耗建筑、零碳建筑建设示范；推动农房和农村公共建筑执行有关标准，推广适宜节能技

---

① 参见：住房和城乡建设部关于印发《"十四五"建筑节能与绿色建筑发展规划》的通知[EB/OL].（2022-03-12）[2025-01-26]. https://www.gov.cn/zhengce/zhengceku/2022-03/12/content_5678698.htm.

术，建成一批超低能耗农房试点示范项目，提升农村建筑能源利用效率，改善室内热舒适环境。

三、加强既有建筑节能绿色改造

1. 提高既有居住建筑节能水平

除违法建筑和经鉴定为危房且无修缮保留价值的建筑外，不大规模、成片集中拆除现状建筑；在严寒及寒冷地区，结合北方地区冬季清洁取暖工作，持续推进建筑用户侧能效提升改造、供热管网保温及智能调控改造；在夏热冬冷地区，适应居民采暖、空调、通风等需求，积极开展既有居住建筑节能改造，提高建筑用能效率和室内舒适度；在城镇老旧小区改造中，鼓励加强建筑节能改造，形成与小区公共环境整治、适老设施改造、基础设施和建筑使用功能提升改造统筹推进的节能、低碳、宜居综合改造模式；引导居民在更换门窗、空调、壁挂炉等部品及设备时，采购高能效产品。

2. 推动既有公共建筑节能绿色化改造

强化公共建筑运行监管体系建设，统筹分析应用能耗统计、能源审计、能耗监测等数据信息，开展能耗信息公示及披露试点，普遍提升公共建筑节能运行水平；各地分类制定公共建筑用能（用电）限额指标，开展建筑能耗比对和能效评价，逐步实施公共建筑用能管理；持续推进公共建筑能效提升重点城市建设，加强用能系统和围护结构改造；推广应用建筑设施设备优化控制策略，提高采暖空调系统和电气系统效率，加快LED照明灯具普及，采用电梯智能群控等技术提升电梯能效；建立公共建筑运行调适制度，推动公共建筑定期开展用能设备运行调适，提高能效水平。

四、推动可再生能源应用

1. 推动太阳能建筑应用

不同城市根据太阳能资源条件、建筑利用条件和用能需求，统筹太阳能光伏和太阳能光热系统建筑应用，宜电则电，宜热则热；推进新建建筑太阳能光伏一体化

美丽城市建设

设计、施工、安装，鼓励政府投资公益性建筑加强太阳能光伏应用；加装建筑光伏的，应保证建筑或设施结构安全、防火安全，并应事先评估建筑屋顶、墙体、附属设施及市政公用设施上安装太阳能光伏系统的潜力；建筑太阳能光伏系统应具备即时断电并进入无危险状态的能力，且应与建筑本体牢固连接，保证不漏水不渗水；不符合安全要求的光伏系统应立即停用，弃用的建筑太阳能光伏系统必须及时拆除；开展以智能光伏系统为核心，以储能、建筑电力需求响应等新技术为载体的区域级光伏分布式应用示范；在城市酒店、学校和医院等有稳定热水需求的公共建筑中积极推广太阳能光热技术；在农村地区积极推广被动式太阳能房等适宜技术。

2. 加强地热能等可再生能源利用

根据不同城市特点，推广应用地热能、空气热能、生物质能等解决建筑采暖、生活热水、炊事等用能需求；鼓励各地根据地热能资源及建筑需求，因地制宜推广使用地源热泵技术；地表水资源丰富地区，积极发展地表水源热泵，在确保100%回灌的前提下稳妥推广地下水源热泵；在满足土壤冷热平衡及不影响地下空间开发利用的情况下，推广浅层土壤源热泵技术；在进行资源评估、环境影响评价基础上，采用梯级利用方式开展中深层地热能开发利用；在寒冷地区、夏热冬冷地区积极推广空气热能热泵技术应用，在严寒地区开展超低温空气源热泵技术及产品应用；合理发展生物质能供暖。

3. 加强可再生能源项目建设管理

各地开展可再生能源资源条件勘察和建筑利用条件调查，编制可再生能源建筑应用实施方案，确定本地区可再生能源应用目标、项目布局、适宜推广技术和实施计划；建立对可再生能源建筑应用项目的常态化监督检查机制和后评估制度，根据评估结果不断调整优化可再生能源建筑应用项目运行策略，实现可再生能源高效应用；对较大规模可再生能源应用项目持续进行环境影响监测，保障可再生能源的可持续开发和利用。

五、实施建筑电气化工程

充分发挥电力在建筑终端消费清洁性、可获得性、便利性等优势，建立以电力消费为核心的建筑能源消费体系；夏热冬冷地区积极采用热泵等电采暖方式解决新增采暖需求；开展新建公共建筑全电气化设计试点示范；在城市大型商场、办公楼、酒店、机场航站楼等建筑中推广应用热泵、电蓄冷空调、蓄热电锅炉；引导生活热水、炊事用能向电气化发展，促进高效电气化技术与设备研发应用；建设以"光储直柔"为特征的新型建筑电力系统，发展柔性用电建筑。

六、推广新型绿色建造方式

大力发展钢结构建筑，鼓励医院、学校等公共建筑优先采用钢结构建筑，积极推进钢结构住宅和农房建设，完善钢结构建筑防火、防腐等性能与技术措施；在商品住宅和保障性住房中积极推广装配式混凝土建筑，完善适用于不同建筑类型的装配式混凝土建筑结构体系，加大高性能混凝土、高强钢筋和消能减震、预应力技术的集成应用；因地制宜发展木结构建筑；推广成熟可靠的新型绿色建造技术；完善装配式建筑标准化设计和生产体系，推行设计选型和一体化集成设计，推广少规格、多组合设计方法，推动构件和部品部件标准化，扩大标准化构件和部品部件使用规模，满足标准化设计选型要求；积极发展装配化装修，推广管线分离、一体化装修技术，提高装修品质。

七、促进绿色建材推广应用

加大绿色建材产品和关键技术研发投入，推广高强钢筋、高性能混凝土、高性能砌体材料、结构保温一体化墙板等，鼓励发展性能优良的预制构件和部品部件；在政府投资工程率先采用绿色建材，显著提高城镇新建建筑中绿色建材应用比例；优化选材提升建筑健康性能，开展面向提升建筑使用功能的绿色建材产品集成选材技术研究，推广新型功能环保建材产品与配套应用技术。

八、推进区域建筑能源协同

推动建筑用能与能源供应、输配响应互动，提升建筑用能链条整体效率；开展城市低品位余热综合利用试点示范，统筹调配热电联产余热、工业余热、核电余

美丽城市建设

热、城市中垃圾焚烧与再生水余热及数据中心余热等资源,满足城市及周边地区建筑新增供热需求;在城市新区、功能区开发建设中,充分考虑区域周边能源供应条件、可再生能源资源情况、建筑能源需求,开展区域建筑能源系统规划、设计和建设,以需定供,提高能源综合利用效率和能源基础设施投资效益;开展建筑群整体参与的电力需求响应试点,积极参与调峰填谷,培育智慧用能新模式,实现建筑用能与电力供给的智慧响应;推进源—网—荷—储—用协同运行,增强系统调峰能力;加快电动汽车充换电基础设施建设。

九、推动绿色城市建设

开展绿色低碳城市建设,树立建筑绿色低碳发展标杆;在对城市建筑能源资源消耗、碳排放现状充分摸底评估基础上,结合建筑节能与绿色建筑工作情况,制定绿色低碳城市建设实施方案和绿色建筑专项规划,确定新建民用建筑的绿色建筑等级及布局要求;推动开展绿色低碳城区建设,实现高星级绿色建筑规模化发展,推动超低能耗建筑、零碳建筑、既有建筑节能及绿色化改造、可再生能源建筑应用、装配式建筑、区域建筑能效提升等项目落地实施,全面提升建筑节能与绿色建筑发展水平。

第三章

环境优美城市

环境优美城市是指注重自然与人文景观协调发展，致力于提供清洁的空气、水体、土壤和宜居的生活环境，同时实现城市功能与景观美感和谐统一的城市类型，其核心目标是让城市具备高质量的生态环境、优美的景观和舒适的居住条件，提升居民幸福感和城市整体吸引力。通过城市空气质量达标、生活污水管网建设和运行维护、建设城市美丽河湖、建设沿海城市的美丽海湾、提升城市垃圾分类管理水平、绿色低碳修复污染地块，建设美丽城市。

第一节 城市空气质量达标管理

持续深入打好蓝天保卫战，切实保障人民群众身体健康，以空气质量持续改善推动经济高质量发展，建设环境优美城市。[1]

一、加快能源结构调整

1. 坚决控制化石能源消费

合理控制煤炭消费总量，深入推进煤炭清洁高效利用，发挥煤电调峰、兜底保障和对新能源发展的支撑调节作用。综合考虑电力分区、供电安全、热力保障、污染排放强度，科学压减本地煤电机组发电小时数，严控煤耗；加强高污染燃料禁燃区监管，建立长效机制。

---

[1] 参见：天津市人民政府关于《天津市大气环境质量达标规划》的批复[EB/OL].（2024-11-20）[2025-01-26]. https://www.tj.gov.cn/sy/ztzl/ztlbthree/zdlyxxgk/zdxzjc/zdxzjcjg/202411/t20241120_6785092.html.

美丽城市建设

2. 提升能源安全保障能力

逐步完善供热区域"一张网"格局，积极发展可再生能源供热，推动构建热电联产、可再生能源、锅炉房等多种能源联合的供热方式；实施煤电机组供热改造，深入挖掘电厂供热能力，发展长距离供热；研究探索热电联产出厂热价与能源价格挂钩的动态调整机制，持续做好煤电容量电价机制政策实施及监测，切实发挥容量电价机制保障煤电稳定运行的作用；持续提升新能源占比，持续加强电网建设。

二、推进产业绿色低碳升级

1. 落后产业绿色转型

落实国家产业结构调整相关要求，依法依规推动落后产能退出；逐步退出限制类涉气行业工艺和装备；钢铁行业电炉炼钢产能、产量达到国家要求；鼓励限制类独立热轧企业转型升级；实现烧结砖瓦隧道窑清零。

2. 传统产业集群绿色低碳化提升改造

通过淘汰落后产能、推动产业升级、促进产业协同，优化产业结构；推广清洁生产技术、推动绿色制造技术、推进数字化转型，开展技术创新与应用；通过产业链延伸与循环利用、建设循环经济示范园区、发展共享模式，构建绿色循环经济；通过优化能源结构、实施节能改造、能源管理智能化，提升能源利用效率；通过绿色采购、物流优化、开展产品全生命周期管理，建设绿色供应链。

3. 涉工业炉窑行业治理

以大规模设备更新为契机，持续实施治污水平提升改造；推动实施涉煤工业炉窑清洁能源替代或深度治理；以钢铁行业为重点开展治理升级，持续开展无组织排放粉尘治理；推动铸造行业实施无组织排放深度治理；全面实施水泥行业超低排放改造。

4. VOCs综合治理

优化含VOCs原辅材料结构；加快实施低VOCs含量涂料替代；持续推进地坪施工、室外构筑物防护和城市道路交通标志使用低（无）VOCs含量涂料。持续开展涉VOCs重点行业综合治理；推动石化行业绿色发展；稳步推动储罐无组织排放深度治理；以工业涂装、包装印刷、涂料制造和化学制药等行业为重点，实施废气治理设施升级改造。

三、清洁运输体系建设

1. 加快建设新能源配套设施

制定新能源车配套基础设施建设规划，科学谋划布局充换电、加氢等基础设施，完善乘用车充电设施建设，加快形成布局合理、清洁高效的基础设施保障体系。

2. 实施货运领域车辆清洁化行动

深化"公转铁""公转水"，持续提升港口铁路、水路运力保障，积极发展零排放货运车队，推动重点区域运输结构清洁化；积极推进企业提升清洁运输水平，以钢铁、焦化、水泥、平板玻璃、热轧等行业为重点，推进柴油货车新能源替代，清洁运输比例达到环保绩效要求。

3. 实施公共领域车辆新能源化行动

新增和更新的公交、出租、城市物流配送、城市邮政快递、轻型环卫等车辆中逐步新能源化，最终实现公共领域车辆新能源化。

4. 推进高排放车辆替代更新行动

淘汰国三及以下排放标准汽车，进而淘汰采用稀薄燃烧技术的国四及以下排放标准燃气货车，加快淘汰采用稀薄燃烧技术的燃气货车。

5. 实施非道路移动机械清洁化行动

加快推动港口、机场、铁路货场、物流园区、工矿企业、施工工地机械更新替代；协同推进船舶岸电设施和港口岸电设施建设；基本实现城市内河游船新能源化；积极开展新能源铁路装备和拖轮推广应用；推进机场地勤设备和保障作业车辆的新能源替代。

四、精细化管控面源污染

1. 建立完善扬尘面源管理机制

推进扬尘管控全域化、精细化、常态化，组织开展道路科学扫保落实情况检查，严格落实施工扬尘防治标准，完善信息化监管手段。加快推广使用装配式建筑。

2. 提升油烟异味等生活源治理水平

组织重点餐饮服务单位定期开展油烟净化设施清洗，深化恶臭异味污染排查治理；督促指导重点工业园区、产业集群制定"一园一策"恶臭异味治理方案。

3. 加强农业面源污染管控

加强农作物秸秆综合利用，消除农作物秸秆焚烧隐患；逐步推动大型规模化畜禽养殖场氨气减排。

五、重污染天气应对

提升72小时精准预测能力，加强与周边区域城市的预测会商研判，定期更新应急减排清单，启动绩效分级管理平台建设，建设重污染天气绩效分级管理系统；加强移动源应急减排监管，完善重污染天气应急保障清单并动态更新。

六、提升治理能力

1. 加强基础能力建设

推动人工智能、大数据、云计算等数字技术与监测业务深度融合，建设完善工况监控、用电（用能）监控、视频监控等监测监控体系，构建大气污染防治精准防控决策支持系统平台，提升大气污染综合研判分析与指挥调度能力。

2. 加大执法监管技术支撑

推进非现场监管执法，加强防范人为干扰智能识别，开展风险与问题点位智能研判、质量风险点交叉关联智能分析，以及异常视频识别、异常数据筛查、电子围栏、无人机大范围巡检等远程智能检查，杜绝人为干扰风险。

3. 提升科技支撑

加快环保技术创新平台建设，推进高校、科研机构、企业等协同攻关。加强大气污染特征演变规律跟踪研究，聚焦氢能制储运加用、重点行业多污染物高效协同治理、化工园区减污降碳协同治理、港口减污降碳协同治理等方面，积极开展核心技术攻关。

4. 强化区域协调机制

优化与周边区域的联防联控机制，构建区域空气质量持续改善和基本消除重污染天气目标约束下的协同防控机制。一些重点地区提高联防联治效能和执法效率，推动建立联合执法、交叉执法机制；健全区域内大气环境监测等信息共享机制，进一步完善区域空气重污染联合预警预报机制。

第二节　城市生活污水管网建设和运行维护

加快城市生活污水管网补短板，建立运行维护长效机制，切实提升城市生活污水收集效能，才能建设环境优美城市。[①]

一、推进设施体系建设

1. 开展污水收集系统问题排查

各城市要按照每5—10年完成一轮城市生活污水管网排查滚动摸排的要求，持续推进管网现状评估和修复工作，建立管网长效管理与考核评估机制；污水处理厂进水污染物浓度偏低的地区，重点开展施工降水排入、城市水体倒灌、地下水入渗入流等进入城市生活污水管网问题排查。

2. 加快实施污水管网改造

各城市要开展水体沿线雨水排口和合流制溢流口防倒灌改造，严防河湖水倒灌生活污水管网；加快破损检查井改造与修复，逐步淘汰砖砌污水检查井，新建污水检查井推广使用混凝土现浇或成品检查井；全面开展超使用年限、材质落后、问题突出排水设施的更新改造；因地制宜推进雨污分流改造；强化工业园区和工业企业内部雨污水错接混接和雨污分流改造。

[①] 参见：住房城乡建设部等5部门关于加强城市生活污水管网建设和运行维护的通知[EB/OL]．（2024-03-08）[2025-01-26]．https://www.gov.cn/zhengce/zhengceku/202403/content_6940086.htm．

美丽城市建设

3. 推进污水收集和处理设施补空白

城市新区生活污水管网规划建设应与城市建设同步推进；老旧城区、城中村和城乡接合部可因地制宜采用集中纳管与分散收集处理等方式处理生活污水；鼓励有条件的大中型城市适度超前建设污水处理设施和规模化污泥集中处理处置设施。

4. 推进雨季溢流污染总量削减

各城市要因地制宜采取雨前降低管网运行水位、雨洪排口和截流井改造、源头雨水径流减量等措施，削减雨季溢流污染入河量；超过排水系统承载能力溢流的，应在保障城市排水防涝安全的前提下，采取措施最大限度减少污染入河；鼓励各地在完成管网建设改造的前提下，建设雨季溢流污水快速净化设施，结合本地实际明确排放管控要求；加强工业园区和工业企业雨水排口监管，降低雨季排污环境影响。

二、加强管网设施管理

1. 强化排水许可管理

各城市排水主管部门要严格落实污水排入排水管网许可制度，结合当地实际情况，对排水户实行分级分类管理，确定重点排水户清单。

2. 加强执法监督

各城市排水主管部门要会同有关部门，加强对城市生活污水管网建设和运维以及排水行为的联合监管和执法联动，形成执法合力，加强溯源执法；整治"小散乱"排水户污水排入雨篦、雨水管道行为，杜绝工业企业通过雨水管网违法排污；逐步健全排水户排水监管体系，加强对排水户排放污水监管，依法对违法排水行为进行处罚。

3. 严格质量管控

各城市要强化生活污水管网建设质量管理，严格实行工程质量终身负责制，督促建设、勘察、设计、施工、监理单位依法依规对管网工程质量负责，确保管网符合标准；相关单位应严格执行标准规范，严格组织管线工程验收，鼓励邀请管网运行维护单位参加验收。各地市场监管部门要运用好"双随机、一公开"监管方式，加强排水管材质量安全监管。

三、完善管网运行维护机制

1. 明确管网运行维护主体，建立常态化、长效运维机制

各城市要建立城市生活污水管网专业化运行维护队伍，严格规范安全作业流程，保障城市生活污水管网运行维护费用；排水主管部门要积极推动居住社区内部雨污水管网养护工作委托城市生活污水管网专业化运行维护单位负责。

2. 持续推进"厂网一体"专业化运行维护

各城市要完善城市生活污水管网建设管理体制和机制，鼓励组建城市生活污水管网专业企业，实行"厂网一体"专业化运行维护；排水主管部门要构建以污染物收集效能为导向的管网运行维护绩效考核体系和付费体系，对污水处理厂和管网联动按效付费；以提升污水收集处理效能为目标，建设城市污水管网全覆盖样板区。

第三节 城市美丽河湖建设

开展美丽河湖建设，切实提高城市生态宜居度，才能不断满足人民群众对优美生态环境和美好城市生活的需要，建设环境优美城市。[1]

一、补齐防洪安全短板，着力建设"安澜净美"河湖

1. 提标建设湖库沟道防洪工程

全面落实重点河流沟道度汛责任，强化水旱灾害防御预报、预警、预演、预案"四预"措施，加快建设数字孪生防洪预警监管平台。加大相关地区泄洪能力和调控能力建设，实施防洪工程，切实提高城市核心区防洪能力，保障人民生命财产安全。

---

[1] 参见：银川市人民政府办公室关于印发《银川市美丽河湖建设实施方案（2023—2025）》的通知[EB/OL].（2024-04-21）[2025-01-26]. https://www.yinchuan.gov.cn/xxgk/bmxxgkml/szfbgt/xxgkml_1841/zfwj/yzbf/202304/t20230421_4040189.html.

美丽城市建设

2. 全域推进海绵城市建设

加快推进海绵城市建设，深刻把握海绵城市建设内涵，将海绵城市建设纳入城市规划建设管理全过程，通过下沉式绿地、雨水花园、植草沟、透水铺装等绿色措施，充分发挥建筑、道路、绿地和水系等对雨水的吸纳、蓄渗和缓释作用，提高雨水收集和利用水平，全面提升城市防洪排涝能力，增强城市韧性，使河湖和地下含水层对雨水径流的"吐纳"和"储存"能力进一步增强，加快构建生态、安全、可持续的城市水系统。

3. 持续深化河湖"四乱"专项整治

全面落实"河湖长+警长"机制，把妨碍河道行洪突出问题整治与河湖"清四乱"行动紧密结合，坚决取缔非法缩窄、挤占、填埋河道等影响行洪及侵占河湖沟道管理范围的"四乱"问题。

二、加强生态修复保护，着力建设"水丰草美"河湖

1. 一体推进水生态修复和治理

按照尊重自然、顺应自然、保护自然的要求，以健全连通水网体系、修复水生态、治理水环境为重点，实施水生态修复项目和水环境综合治理项目，运用水下森林、生态驳岸恢复、生态缓冲带建设等水生态修复措施，逐步构建多样、完整、健康的河湖生态体系，构建水系连通、河库互补、引排顺畅、利用高效、美丽健康的生态水网新格局。实施水环境综合治理、污水再生及资源化利用、河湖连通等工程，进一步改善区域生态环境质量，推动生态环境向生态经济转化。

2. 统筹开展河湖生态水量调度

加快再生水管网与河湖互连互通，科学调度河湖生态用水，重点解决枯水期生态补水不足、水体流动性差等问题，达到生态补水"丰存枯补、多源补水"的调度效果，使重要河湖生态水量得到有效保障，重点河湖沟道实现碧水长流。

3. 有效保障水域岸线生态功能完好

守好"水域面积只增不减、只扩不缩；水质只能更好、不能变差；岸线两侧景观带只能添景不能减绿"的底线，积极开展重要河湖水质监测，大力推进水土保持

工作，有效防范外来物种入侵，严厉打击电鱼、毒鱼等非法捕鱼行为，开展生态保护修复与水土流失综合治理项目，切实维护河湖生态系统多样性、稳定性。

三、打造绿水宜居环境，着力建设"岸带秀美"河湖

1. 推进滨水公园品质提升和功能完善

将美丽河湖与生态园林城市建设有机结合，融合城、水、林、园、湖等要素，开展滨水、环湖公园建设，实施滨水岸线绿地改造工程，塑造精致化河湖休闲空间，构建滨水绿带、林水共生的高品质绿色生态空间。

2. 加快建成丰富多彩、移步换景的河湖岸带

高标准实施公共休闲生态水系驳岸，开展添绿添彩、立体绿化等项目，打造滨水绿道网络，建成"高颜值"环水公园带、休闲带。实施高品质岸线改造提升工程，配套建设滨水慢行步道、有氧健身广场、亲水栈道平台等，提升河道岸线灯光亮化效果，建成具有层次感、色彩感、空间感和品质感的休闲悦景滨水带；开展生态岸线品质提升，打造集驳岸恢复、生态康养、休闲观光、运动健身、戏水观鸟、科普宣教等为一体的美丽河湖发展区；串联相应湖泊沟道，实施水动力循环、水环境治理和湖岸绿带提升工程，打造绿肺氧吧、田园生态线；实施湿地生态复苏项目，提升岸线绿化水平，恢复湿地生态功能，不断厚植城市绿色发展底色。

3. 全面深化水体污染防治和治理

以城市建成区及重要水体为重点，摸清新增市政提升泵站溢流口、农村污水处理设施尾水排放口和雨污分流雨水排放口数量、位置、排放形式等，动态更新入河（湖、沟）排污口名录，全面开展入河（湖）排污口监测、溯源工作，实施排污口规范化建设，确保重点河流湖泊国考断面、县界断面水质达标率普遍达到或优于考核指标。

4. 不断强化城乡生活污水治理

加快补齐城乡污水收集和处理设施短板，完善污水收集配套管网建设，推进城镇污水处置设施提标改造。加强污水处理设施监测监管，确保出水水质不低于相应排放标准。巩固提升城市建成区黑臭水体治理成效，加强农村黑臭水体治理。

美丽城市建设

四、落实责任精细管护，着力建设"治水慧美"河湖

1. 细化实化河湖长责任

充分发挥总河长牵头抓总、各级河长协调共振作用，将美丽河湖建设作为河湖长履职担当的重要抓手并纳入河湖长制工作进行考核。及时更新各级河湖长公示牌接受社会监督，落实专业化队伍进行河湖管护和巡查，促进河湖长高效开展巡河、管河、护河，建立健全责任更加明确、协调更加有序、监管更加严格、保护更加有力的河湖管理保护机制。

2. 严格落实水域岸线空间管控

规范涉河湖、沟道项目建设审查工作，不符合岸线管控要求的坚决不予审批，切实提升河湖监管效能。严格落实国土空间总体规划的要求，科学确定河湖岸线保护利用与管理分区，加强河湖水域岸线管控，保障河湖水域岸线生态功能。

3. 全面推进智慧化河湖监管体系建设

加快智慧河湖建设，完善河湖管理信息化体系布设，综合运用"互联网+"、卫星遥感、无人机巡查和视频监控捕捉等技术，形成"天上看、空中探、地面查"的立体化河湖监管模式。重要河湖水域信息化布控实现全覆盖、无死角，推进河湖管护向系统化、规范化、数字化、智慧化、高效化转型。

4. 科学评价美丽河湖健康水平

全面启动河湖健康评价工作，开展河湖保护名录中非季节性河湖健康评价，建立完善河湖健康档案，健全水环境风险评估排查、预警预报与应急响应机制。

五、健全运动休闲功能，着力建设"人文弘美"河湖

1. 充分挖掘展示治水文化

加强中华传统文化挖掘、保护和弘扬，讲好河湖故事，打造有文化气息、有持久生命力的河湖。搜集历史记载、民间传说、治水名人等文化性强、可读性高的内容，将治水精神、地域人文、特色风貌等融入河湖生态保护，丰富提升河湖文化内涵。因地制宜建设特色鲜明的水文化展示长廊（公园），切实满足人民群众日益增

长的文化生活需求。

2. 开拓水上运动旅游项目建设

在不同地区可以划定区域开展户外冰面速滑、冰壶、冰球等特色冬季体育项目，选择水面开阔、水流平稳地段开展皮划艇、帆板、桨板、夜间游船等水上运动项目，利用河道资源拓宽市民的休闲运动空间，提升亲水、观水、玩水、乐水的体验感和愉悦感。

3. 大力开展美丽河湖建设宣传

精心策划安排，积极对接各级媒体报、网、台、端、微等媒体平台，向群众宣传美丽河湖建设、最美河湖卫士和河湖长制等工作，引导群众关爱、保护河湖，使公众对河湖建设、管理和保护等方面的满意度不断提升。

第四节 沿海城市的美丽海湾建设

"水清滩净、鱼鸥翔集、人海和谐"的海湾是沿海城市建设环境优美城市的重要内容。通过美丽海湾建设提质增效、典型海洋生态系统保护修复、重点入海排污口整治行动，打造从山顶到海洋的保护治理大格局和美丽中国建设大格局[①]，使美丽廊道、美丽岸线、美丽海域为重点的美丽海湾成为具有海洋辨识度的美丽中国建设成果[②]。

一、构建陆海联通美丽廊道

1. 强化联通水系生态保护

强化陆海生境互联互通，构建一批陆海联通美丽廊道，丰富生物多样性，因地制宜改善水生态环境。调整优化部分养殖区海塘口门、通航孔的调度方式，打通潮

---

① 参见：生态环境部印发实施《美丽海湾建设提升行动方案》[R]. 北京，2024.
② 参见：浙江省人民政府关于印发《浙江省美丽海湾保护与建设行动方案》[R]. 杭州，2022.

美丽城市建设

汐通道，在有条件的区域建设或改造口门湖泊。

2. 加强入海河流氮磷控制

采用断面浓度控制方法实施入海河流总氮、总磷控制，分级组织实施控制计划。推进河流污染物入海通量监测，逐步建立入海河流总氮、总磷监控体系，科学推进入海河流污染物减排工作。

3. 推进陆源污染防治

深入实施河长制，持续提升入海水系环境质量。提升城镇污水处理能力，实施农村生活污水治理"强基增效双提标"行动。完成沿海开发区（园区）"污水零直排区"建设，推进重点行业清洁生产改造，加大执法检查力度。深化"肥药两制"改革。

二、打造人海和谐美丽岸线

1. 加快入海排污口整治提升

逐一明确入海排污口责任主体，动态清理"两类"（非法设置和设置不合理）排污口，规范入海排污口的备案管理和树标立牌。明确入海排污口分类，坚持"一口一策"分类攻坚，完成重点入海排污口规范化整治，实现在线监测全覆盖，确保达标排放。推动海上监测与陆上巡查、执法联动监管，健全入海排污口分类监管体系和长效管理机制。

2. 开展海岸线修复工程

加强海岸线保护与整治修复，重点加强沙滩资源和沙砾质岸滩的保护修复。推进生态海岸带建设，依法拆除废旧码头和沿岸非法人工构筑物，增加海岸带地区绿地、水系等生态空间占比。开展海塘岸带环境综合整治，推进海塘生态化改造。

3. 提升亲海空间品质

开展"净滩净海"行动，探索建立"海上环卫"工作机制，加强海水浴场、滨海旅游度假区等亲海区岸滩、海面漂浮垃圾治理和入海污染源排查整治。加强海水浴场水质、赤潮灾害等监测预警，及时发布提醒信息，保障公众亲海人身安全。实施海岛大花园建设，加强海岛自然景观保护和生态系统修复。推进各类环保实践活动，优化公众亲海体验。

三、培育碧海风情美丽海域

1. 加强海上污染排放管控

推动沿海主要港口和中心渔港落实"一港一策"污染防治措施，加强沿海港口码头和船舶修造厂等的绿色岸电、污染物接收设施建设，统一纳入沿海城市基础设施建设规划，建立健全港口船舶污染物收集、接收、转运、处置联合监管机制。开展美丽渔港建设行动。大力推进海水生态健康养殖，加强海水养殖用投入品执法监管。严格管控海水养殖尾水排放。加强海水养殖的海洋生态环境保护执法协作，规范整治海水养殖排污口。

2. 实施海域海岛生态保护修复

加大沿岸带、近海带、重要海湾、重点保护岛群等海洋生态空间的保护力度，逐步修复海湾、海岬、湿地、岸滩等特有生态空间，开展存量围填海生态修复。推进重要湿地建设和红树林保护修复。探索发展海洋蓝碳，全面开展海洋碳储量和碳汇能力调查评估。加强海洋自然保护地建设与保护，探索建立归属清晰、权责明确、监管有效的海洋自然保护地体系。

3. 开展海洋生物多样性保护

开展海洋生物多样性监测与调查，掌握海洋生物多样性和生物质量状况。加强渔业生境保护修复，因地制宜设立渔业保护区或其他自然保护地，加强禁渔休渔管理，严格执行捕捞许可管理制度，实施幼鱼保护制度。科学开展增殖放流。建设国家级海洋牧场示范区。实施海岛生态系统和生物多样性保护工程，打造一批生物多样性保护（列）岛。开展农业外来入侵植物、农作物外来入侵病虫害普查。加强外来入侵物种的治理。持续开展沿海区域水鸟同步调查，加强濒危物种保护。

四、提升美丽海湾治理能力

1. 构建美丽海湾整体智治体系

以数字化改革为牵引，推进美丽海湾治理体系和治理能力现代化。建立完善

美丽城市建设

美丽海湾生态环境监测监控体系，编制美丽海湾生态环境监测技术指南，推动完善海洋生态环境监测网络，加快沿海工业园区智能监控系统建设。推广建设"海洋云仓"船舶污染物防治系统。强化卫星遥感监测、自动监测、大数据、云计算等新技术手段应用。

2. 提升海洋环境风险防控能力

完善海洋风险防范体系，加强海上预警预报体系建设。提升赤潮灾害监视监测和预警预报能力，加大赤潮巡查力度。加强对沿海重点行业企业的环境监管，强化石化产业、危险化学品船舶及其有关作业活动污染海洋环境监测监管能力建设。加强海上溢油应急处置能力建设，完善溢油应急反应体系，强化溢油防控机制。加强应急信息共享和船舶污染监视监测系统、应急辅助决策支持系统建设。探索建立现代化船舶污染应急处置体系。

3. 推动海洋经济高质量发展

落实国家围填海管控政策，严守生态保护红线，全面实施以"三线一单"为核心的生态环境分区管控体系，调整优化不符合海洋环境功能区定位的产业布局。推动沿岸石化化工、港航物流、临港制造等产业建立绿色低碳循环发展经济体系，分类推进重点企业开展清洁生产改造。大力发展现代海洋渔业，控制近海捕捞强度，加强渔业资源养护。加快发展海洋碳汇渔业。推动海洋新能源开发，安全高效发展沿海核电，科学布局建设海上风电，有序开展海洋潮流能利用。

第五节　提升城市垃圾分类管理水平

城市垃圾分类是城市治理水平、社会文明程度的重要标志。加强城市的垃圾分类治理、改善人居环境，不断提升城市的垃圾分类管理水平，才能促进城市经济和社会的可持续发展，建设环境优美城市。[1]

---

[1] 参见：重庆市人民政府办公厅关于印发《重庆市全面推进垃圾分类治理工作实施方案》的通知[EB/OL]．（2023-12-26）[2025-01-26]．https://www.cq.gov.cn/zwgk/zfxxgkml/szfwj/qtgw/202312/t20231226_12748165.html．

一、加强垃圾分类治理体系建设

1. 明确垃圾分类治理职责

按照政府主导、部门联动、属地落实的原则，扎实推进垃圾分类治理工作。区县政府负责辖区内垃圾分类治理工作，城市管理部门牵头推进城乡生活垃圾分类治理，农业农村部门牵头推进农业固体废物治理，城市管理部门和住房城乡建设部门牵头推进建筑垃圾分类治理，经济信息部门和生态环境部门牵头推进工业固体废物综合利用处置，卫生健康部门和生态环境部门牵头推进医疗废物治理。

2. 健全垃圾分类治理机制

完善市、区县、街道（乡镇）、社区（村）治理体系，形成横向到边、纵向到底的协调推进机制。完善垃圾分类治理责任制度，引导环卫、物业等有关企业签订垃圾分类承诺书，督促垃圾分类责任人依法履行职责。完善志愿服务机制，充分发挥基层党组织、社工组织、居（村）委会、业委会、物业企业作用，加强垃圾分类治理宣传、教育、培训及志愿服务，激发全社会参与垃圾分类的积极性。健全垃圾分类激励机制，科学运用奖惩措施，提高垃圾分类治理成效。

3. 夯实垃圾分类治理基础

将垃圾分类治理纳入基层治理体系，充分发挥网格长、网格员、网格指导员等在垃圾分类工作中的作用。全面推行"一员多岗"，积极整合环卫工人、物业人员、志愿者和"五长"等力量参与垃圾分类治理。落实"网格吹哨、部门报到"问题闭环解决机制，完善灵敏感知、即时派遣、联动解决的工作机制。鼓励基层深化创新，创建垃圾分类治理"最佳实践"。

二、加强垃圾分类源头管理体系建设

1. 推进生活垃圾和医疗废物减量

加快完善涵盖生产、流通、消费等领域的垃圾源头减量政策措施，引导单位和个人使用可循环、易回收、可降解的产品，推动公共机构、餐饮业、旅游住宿业减少一次性用品供应。开展反食品浪费专项整治，抓实"吃得文明"，践行"光

美丽城市建设

盘行动",推广小份菜、分餐制等,深入实施机关食堂反食品浪费工作成效评估和通报制度。推进商品包装减量化,督促食品、快递、外卖、电商等行业落实减少过度包装措施。强化塑料污染治理,依法禁止、限制生产、销售和使用不可降解塑料袋等一次性塑料制品。督促医疗卫生机构做好生活垃圾与医疗废物、可回收输液瓶(袋)等固体废物的区分,落实垃圾减量措施,促进源头减量。

2. 推进农业固体废物减量

强农业固体废物源头减量,因地制宜推广农业固体废物减量技术。推广应用高效低毒低残留农药,着力减少农药包装物等有害垃圾的产生量。进一步规范农膜、肥料等农业投入品包装管理,从源头控制和减少"白色污染"。推动农膜科学利用,全面推广使用标准地膜,积极开展加厚地膜和可降解地膜示范应用,加快建立废旧地膜污染治理长效机制,有效提高地膜科学使用和回收率。大力发展种养结合循环农业,持续推进畜禽养殖粪污源头减量,广泛开展标准化养殖示范场创建,推广使用节水型饮水设施和清粪工艺,实现养殖场雨污分流、干湿分离。

3. 推进建筑垃圾源头减量

制定建筑垃圾源头减量目标,将建筑垃圾减量作为文明施工重要内容。统筹考虑工程项目全寿命期的耐久性、可持续性,鼓励建筑、结构、景观等全专业一体化协同设计,加强建筑设计与施工协同,根据地形地貌合理确定场地标高,开展土方平衡计算,减少工程渣土外运。推广新型建造方式,提升绿色建筑比例。加强施工现场管理,优化施工组织,合理确定施工工序,降低建筑材料损耗率。

4. 推进工业固体废物减量

加快推进工业企业绿色转型,推动重点行业工业固体废物产生强度下降,实现大宗工业固体废物贮存处置总量趋零增长。严格环境准入,大力推行绿色设计,提高产品可拆解性、可回收性,控制工业固体废物的产生量。深入实施清洁生产,减少有毒有害原辅料的使用,引导企业系统内部减量化和循环利用,降低单位产品固体废物的产生量。全面实施绿色开采,大幅减少尾矿的产生和处置量。推进国家鼓励发展的环保技术装备的开发使用,推广清洁生产工艺,淘汰落后产能,减少工业固体废物的产生。

三、加强垃圾分类收运处置体系建设

1. 强化生活垃圾分类收运处置

通过桶边值守、志愿服务等方式，督促引导生活垃圾产生单位、家庭、个人依法履行分类投放义务。压实物业企业生活垃圾管理责任人责任，将物业企业履行生活垃圾管理责任情况纳入物业企业信用管理体系。完善垃圾分类投放收集系统，新建、改建或扩建项目应规范配套垃圾分类设施，实现与主体工程同步设计、同步建设、同步使用，加快已有分类设施标准化、便民化升级改造。建立密闭、高效的垃圾分类运输系统，规范分类运输管理。加强物业企业与垃圾清运单位之间的有序衔接，健全厨余垃圾收运联单制度，严防"先分后混、混收混运"。加快垃圾分类处置设施规划建设，落实国土空间规划要求，重点推进生活垃圾焚烧、厨余垃圾资源化利用等设施建设，推动开展小型焚烧处置设施试点。合理确定农村生活垃圾分类收运处置模式，将收运处置设施用地纳入乡镇、村庄规划，统筹优化设施布局。规范建设农村生活垃圾分类收集点，配备完善分类收运车辆和转运站。有序推进农村厨余等可降解生活垃圾就地就近资源化、无害化处置。

2. 强化农业固体废物分类收运处置

积极推动农作物秸秆综合利用重点区县建设，支持农作物秸秆综合利用各环节设施建设，充分利用乡村闲置场所收储秸秆，并将秸秆收储设施纳入农机购置补贴范围。积极推动村、镇废弃农膜和农药包装物回收网点建设，完善废弃农膜回收补贴激励机制，支持县级农膜处置中心设施设备更新改造，提高农膜回收处置能力。积极推动畜禽养殖粪污资源化利用设施建设，加强对粪污处理设施的核查与粪肥质量的监测；推动规下养殖场粪污治理设施配套建设；加快推动以畜禽粪污为原料的有机肥生产工厂建设，提升畜禽粪污区域性收运处理能力。

3. 强化建筑垃圾分类收运处置

按照工程渣土、工程泥浆、工程垃圾、拆除垃圾和装修垃圾5种类别，建立完善建筑垃圾分类制度，做到源头管控有力、运输监管严密、处置利用规范。督促工程施工单位编制建筑垃圾处理方案，并按规定报送环境卫生主管部门备案。全面推

美丽城市建设

广使用新型智能建筑垃圾运输车辆，促进建筑垃圾全链条数字化监管。按照适度超前原则，加快推进建筑垃圾填埋和资源化利用设施建设。鼓励建筑垃圾跨区县协同处置利用，推进设施共建共享，降低处置成本。推行装修垃圾和拆除垃圾预约收运处置，形成全程管理新模式。鼓励农村地区灰渣土、碎砖旧瓦等建筑垃圾通过就地就近铺路填坑等方式实现规范处置。

4. 强化工业固体废物分类收运处置

严格落实工业固体废物产生单位责任，建立健全信息可追溯、可查询的管理台账，强化工业固体废物产生、收集、贮存、运输、利用、处置全过程监管。加强工业固体废物集中处置设施建设，持续推进炉渣、脱硫石膏等工业固体废物广泛利用，加快推广赤泥和磷石膏综合利用，开展钛石膏、磷石膏、电解锰渣等历史遗留渣场治理，拓展工业固体废物多元化利用途径，全面提高工业固体废物综合利用和无害化处置水平。

5. 强化医疗废物分类收运处置

按照《医疗废物分类目录》加强分类管理，督促医疗卫生机构严格医疗废物分类、规范医疗废物收集暂存，严禁将输液瓶（袋）、其他医疗废物与生活垃圾混投混放。完善医疗废物收运体系，探索建立以大中型医疗卫生机构及乡镇中心卫生院为节点的医疗废物中转贮存体系，扩大医疗废物集中收集覆盖范围。推进医疗废物集中处置设施建设和提质升级，建立平战结合的医疗废物处置体系，实现县级以上城市医疗废物全收集、全处理。

6. 强化垃圾处置设施协同衔接

统筹垃圾分类处置设施规划布局，实现垃圾分类处置设施与城市建设、城市更新同步规划、建设和使用。推动毗邻地区垃圾处置设施应急共享，强化成渝地区双城经济圈环境风险应急保障能力。打破跨领域协同处置机制障碍，发挥生活垃圾处置设施协同处置功能。推动垃圾焚烧与市政污泥处置、焚烧炉渣与工业固体废物综合利用、焚烧飞灰与危险废物处置、危险废物与医疗废物处置等有效衔接，推进农村厨余垃圾、粪污等农村有机废弃物的协同处置，提升协同处置效果，实现垃圾处置能力共用共享。

四、加强垃圾分类资源化利用体系建设

1. 推进垃圾资源化利用体系建设

加强垃圾资源化利用顶层设计，做好系统谋划，完善资源化利用政策和标准，形成制度健全、标准完善、渠道畅通的资源化利用体系。鼓励采取特许经营等模式推进垃圾资源化利用设施建设，培育一批国内领先的垃圾资源化利用重点企业。支持垃圾资源化利用企业开展设施设备研发和示范应用，提高资源化利用技术和产品质量。加大垃圾资源化利用产品推广应用力度，将资源化利用产品纳入政府推广应用清单。

2. 加快循环经济和静脉产业园的规划建设

构建资源循环型产业体系，推广静脉产业园建设模式。以生活垃圾焚烧设施为中心，因地制宜布局建筑垃圾、工业固体废物、医疗废物等处置设施。结合区域固体废物种类、数量及周边产业情况，合理确定用地需求和功能布局，谋划培育循环经济产业项目。引导再生资源回收利用及加工企业入驻园区（基地），加强园区（基地）产业循环链接，促进各类处置设施工艺设备共用、资源能源共享、环境污染共治、责任风险共担，实现资源合理利用、污染物有效处置、环境风险可防可控。

3. 加快生活垃圾分类和再生资源"两网融合"

加快规划建设兼具生活垃圾分类投放与再生资源回收功能的交投点，建设集生活垃圾回收利用、再生资源利用等功能于一体的分拣中心或集散地。推动再生资源行业转型升级，探索自动回收设施布点与专业物流相结合等方式，鼓励龙头企业创新再生资源回收模式，打造集信息、交易、结算于一体的"互联网+回收"智能化平台。推进生活垃圾中低值可回收物的回收利用，探索制定配套鼓励政策。

五、加强垃圾分类治理数字化管理体系建设

1. 推进数字化融合

充分运用大数据、物联网、云计算等技术，推动垃圾分类治理设施智能升级，

美丽城市建设

推进生活垃圾、工业固体废物、建筑垃圾、农业固体废物、医疗废物等垃圾收集、贮存、运输、处置全过程智能化管理体系建设。以数字化助推运营和监管模式创新，充分利用现有设施建设集中统一的监测服务平台，强化信息收集、共享、分析、评估及预警。探索将生活垃圾分类治理纳入城市信息模型平台（CIM），实现垃圾分类治理可追踪、可溯源、可执法。强化医疗废物信息化管理平台应用，提高医疗废物处置现代化管理水平。加强污染物排放和环境质量在线实时监测，增强环境风险防控能力。

2. 推进科学技术应用

加强关键核心技术研发，推动产学研用协同创新，支持高等院校、科研院所与骨干企业合作，通过"揭榜挂帅"等方式开展研发攻关，重点突破适用于不同区域、不同类型垃圾处置和资源化利用设施设备的研发。围绕各类垃圾源头减量、资源化利用和无害化处置，开展先进适用技术推广应用与集成示范，探索推动对生活垃圾焚烧设施协同处置医疗废物、工业固体废物关键技术的研发及应用。

第六节 污染地块绿色低碳修复

土壤污染风险管控和修复是土壤污染防治的重要内容。重点建设用地的安全利用综合运用自然恢复和人工修复两种手段，促进土壤污染风险管控和绿色低碳修复，可以为环境优美城市建设提供有效保障。[①]

一、理念先行加快绿色低碳转型

1. 大力培育绿色低碳理念

坚持节约优先、保护优先、自然恢复为主的方针，大力宣传和培育土壤污染风险管控和绿色低碳修复理念，鼓励土壤污染责任人、土地使用权人、行业协会、从

---

① 参见：生态环境部办公厅《关于促进土壤污染风险管控和绿色低碳修复的指导意见》[EB/OL]. （2023-12-19）[2025-01-26]. https://www.mee.gov.cn/xxgk2018/xxgk/xxgk05/202312/t20231219_1059420.html.

业单位、公益组织和个人积极参与。倡导建设用地土壤污染治理项目因地制宜采取风险管控措施，率先践行绿色低碳修复，降低资源能源消耗，有效控制潜在二次污染风险。在确保达到风险管控或修复目标的前提下，实现环境净效益最大化和碳排放量最小化。

2. 系统推进减污降碳协同增效

以推进全过程减污降碳协同增效为导向，以加强系统谋划、优化监管机制为重点，以强化科技支撑、完善保障措施为手段，强化降碳、减污、扩绿、增长的目标协同、机制协同、任务协同，推进风险管控和修复全过程减污降碳协同增效，提高绿色化、低碳化水平。

3. 持续探索推动创新实践

生态环境部门要坚持精准治污、科学治污、依法治污，积极借鉴国内外先进经验，鼓励先行先试，聚焦突出问题和薄弱环节，探索形成可复制、可推广的可持续风险管控和绿色低碳修复典型经验和案例。不断探索创新管理模式，将土壤污染风险管控和修复与国土空间规划、项目建设设计及管理流程有机整合，加强实践应用，提升土壤污染防治的环境效益、经济效益和社会效益，促进高质量发展。

二、全过程提升绿色低碳水平

1. 合理规划受污染土地用途

生态环境部门应充分考虑土壤污染情况和风险水平，结合留白增绿相关安排，协助相关部门合理规划土地用途，保障人居环境安全。鼓励农药、化工等行业重污染地块优先规划用于拓展生态空间，对暂不开发利用的关闭搬迁企业地块及时采取制度控制、工程控制、土地复绿等措施，强化污染管控与土壤固碳增汇协同增效。因地制宜研究利用废弃矿山、采煤沉陷区受损土地、已封场垃圾填埋场、污染地块等规划建设光伏发电、风力发电等新能源项目。

2. 精准开展土壤污染状况调查评估

土壤污染责任人、土地使用权人、从业单位要强化全过程质量控制与监管，全面提升土壤污染状况调查评估水平，推进多学科、多方法、多手段调查技术的融

美丽城市建设

合，精准刻画污染范围、污染程度和水文地质情况。充分利用已有调查成果，基于现场检测数据，动态优化调查工作计划，借助现场快速筛查技术，提高调查精准度和效率。对大型复杂污染地块，可根据污染物迁移转化规律及有效暴露剂量，科学选用风险评估方法和参数，合理确定风险管控或修复目标。

3. 重点突出绿色低碳化设计

坚持"一地一策"，科学合理选择风险管控或修复方案。鼓励土壤污染责任人、土地使用权人、从业单位将能耗、物耗、温室气体排放等纳入方案比选指标体系，在注重经济可行基础上突出资源能源节约高效利用导向，优化工艺设计，优先选择原位修复、生物修复、自然恢复为主的管控修复技术，增强应对极端气候事件和灾害等适应气候变化的能力。在守牢安全底线和符合相关法律法规要求的前提下，可将土壤污染风险管控和修复工程与后续建设项目同步设计，最大程度降低排放、减少能耗、提升效能。

4. 积极探索最佳管理措施

从业单位要着力提升土壤污染风险管控、修复工程实施过程中资源能源利用效率，降低污染物和温室气体排放。应用高能效装备产品，优化提升重点用能工艺和设备，优先使用绿色低碳的管控和修复材料，有效提高可再生和清洁能源消费比重。科学设定并动态调整工艺参数，降低资源消耗水平。加强施工过程规范化、精细化管理，积极推广可视化、智能化监控手段，提高现场管理水平和工作效率；强化废水、废气、固体废物等的收集处理与资源化利用，防止对地下水和周边地表水、大气等造成污染。在有效防范二次污染的前提下，鼓励推动修复后土壤资源化利用。鼓励在产企业在保证安全生产和执行排污许可制度的条件下，实施边生产、边管控、边修复。

5. 追踪开展后期可持续管理

生态环境部门督促土壤污染责任人、土地使用权人、从业单位动态研判污染地块风险管控或修复长期效果，跟踪监控土壤和地下水特征污染物变化情况，严格落实地块风险管控和修复有关规定，及时优化和调整长期监测方案，建立回顾性评估机制。

三、全方位强化科技支撑

1. 加强科研布局和基础研究

生态环境部加强土壤和地下水复合污染治理、风险管控和绿色低碳修复领域科技研发的系统布局，夯实自然恢复过程与人工修复作用下的土壤和地下水中污染物迁移、转化规律等的理论方法研究基础。

2. 攻关关键技术材料和装备研发

鼓励行业协会、从业单位聚焦风险管控和绿色低碳修复中的关键问题，加快关键共性新材料和新装备等科技攻关。研发应用环境友好型管控修复材料，提升材料的长效性、高效性和安全性。研发推广低排放、低能耗的新型管控修复装备，提高装备数字化、可视化、智能化水平。对未达到能耗标准的传统修复设施设备进行清洁能源替代和升级改造。生态环境部遴选风险管控和绿色低碳修复相关内容纳入《国家先进污染防治技术目录》和《国家重点推广的低碳技术目录》。

3. 加大技术集成和工程示范力度

生态环境部门、行业协会、从业单位要坚持需求导向、交叉融合，发展可持续风险管控和绿色低碳修复集成与耦合技术，注重提升原始创新能力，推进土壤和地下水污染精准刻画、复合污染阻控和修复技术的组合优化，促进研究成果用于指导工程项目实施，形成一批成效明显的系统解决方案和综合示范工程。比选、集成适用于不同场景的技术体系，开展中长期跟踪模拟及评估，推动土壤健康管理和生态功能提升，增强土壤固碳增汇能力。

第四章

生态宜居城市

生态宜居城市是指人类居住的城市与自然环境达到一种相对平衡状态，人们能够在健康、安全和舒适的环境中生存和发展，其核心特征是环境友好、绿色空间充足、资源高效利用、宜居性强。通过合理布局城市生态廊道、修复城市湿地生态和水环境、保护城市生物多样性、防治城市噪声污染、建设"无废城市"、发展城市绿色旅游，建设美丽城市。

第一节 城市生态廊道建设

生态廊道建设是构建城市绿色生态安全屏障和完善生态网络空间的重要基础，合理布局城市生态廊道，才能建设生态宜居城市。[①]

一、统筹城市生态廊道布局

生态廊道是指以自然生态系统为基础，连通城市、乡村、自然保护区及生态敏感区域的绿色廊道。要统筹推进生态廊道、通风廊道、城市绿道、景观廊道及基础设施一体布局，利用街头、社区小微空间等见缝插绿，因地制宜建设社区公园、口袋公园。

[①] 参见：湖南省人民政府办公厅关于加快推进生态廊道建设的意见[EB/OL].（2018-12-25）[2025-01-26]. https://www.hunan.gov.cn/hnszf/xxgk/wjk/szfbgt/201812/t20181225_5249434.html.

二、实施增绿扩量

针对廊道范围内的宜林地、无立木林地、裸露地、坡耕地以及困难地等，坚持生态保护和修复的综合治理思路，大力实施人工造林、封山育林、退耕还林还草还湿。因地制宜，采取乔灌花草多种植物实行造林绿化，做到应绿尽绿，重点治理水土流失，加强水源涵养，切实提高林草覆盖率，扩大生态容量。

三、开展森林质量精准提升

针对廊道范围内生态功能退化或丧失、景观破坏严重的林分，采取抚育间伐、林窗补植补造、择伐更新等措施，按照近自然经营理念，调整和优化树种结构，改善林相景观，精准提升林分质量，促进森林正向演替，提升防护功能和景观质量，兼顾生态和景观效益，建设多功能森林。

四、强化生态修复

对廊道范围内高陡边坡、采石（砂）场、堆积地、非法港口码头、废弃工矿地以及排污纳污等区域，采取工程、生物等多种治理措施，科学实施生态修复，选择抗逆性好的乡土树种，进行乔、灌、草多层次栽植复绿。着力开展山水林田湖草系统修复、耕地草原森林河流湖泊休养生息，加强水体资源和地下资源的保护和利用，加快河道生态整治、沿岸防护林建设等工程，着力修复生态环境。

五、推进廊道沿线城镇村庄绿化美化

结合实施乡村振兴战略，充分挖掘生态廊道沿线城镇村庄的绿化潜力，拓展绿化空间，实施规划建绿、见缝插绿、拆违还绿。科学配置树种，实施城镇村庄绿化、庭院美化、污水生态净化等工程。通过构建绿色开放空间，满足居民休闲游憩、文化生活需求，大力提升生态宜居水平。

美丽城市建设

六、加强自然保护地的保护与恢复

保护与科学利用廊道沿线范围内的自然保护地、历史文化名镇（村）等重要生态功能区和历史文化资源，实施以保护和自然修复为主、人工修复为辅的生态修复措施，加强廊道与重要生态功能区的有机联系，打造疏密有度、舒适怡人的生物多样性保护、生态旅游、科普宣教等重要节点，创造优美生态环境，充分发挥生态廊道的整体生态服务效益以及自我修复和可持续发展能力。

第二节　城市湿地生态修复

城市湿地直接影响城市居民的生活质量与环境可持续性，是实现生态宜居城市目标的重要途径之一。严格湿地用途监管，确保湿地面积不减少，增强湿地生态功能，维护湿地生物多样性，全面提升湿地保护与修复水平。[①]

一、全面保护湿地资源

1. 加强湿地资源保护

依法加强辖区内的湿地占用管理，加大湿地资源要素保障力度。开展湿地保护小区划定工作，持续提升湿地保护率。坚持自然恢复为主与人工修复相结合的方式，对退化湿地进行修复和综合整治。

2. 落实湿地面积总量管控

合理划定纳入生态保护红线的湿地范围，明确湿地名录，并落实到具体湿地地块。经批准征收、占用湿地并转为其他用途的，用地单位要按照"先补后占、占补平衡"的原则，负责恢复或重建与所占湿地面积和质量相当的湿地，确保湿地面积不减少。

---

① 参见：国务院办公厅关于印发《湿地保护修复制度方案》的通知[EB/OL].（2016-12-12）[2025-01-26]. https://www.gov.cn/zhengce/content/2016-12/12/content_5146928.htm.

3. 提升湿地生态功能

依据国家制定湿地生态状况评定标准和评价指标体系，确定江河湖泊水功能区水质达标率、自然岸线保有率，以及水鸟种类的数量，湿地野生动植物种群数量不减少。

4. 建立湿地保护成效奖惩机制

本行政区域内湿地保护负总责，政府主要领导成员承担主要责任，其他有关领导成员在职责范围内承担相应责任，要将湿地面积、湿地保护率、湿地生态状况等保护成效指标纳入本地区生态文明建设目标评价考核等制度体系，建立健全奖励机制和终身追责机制。

二、健全湿地用途监管机制

1. 建立湿地用途管控机制

按照主体功能定位确定湿地功能，实施负面清单管理。禁止擅自征收、占用国家和地方重要湿地，在保护的前提下合理利用一般湿地，禁止侵占自然湿地等水源涵养空间，已侵占的要限期予以恢复，禁止开（围）垦、填埋、排干湿地，禁止永久性截断湿地水源，禁止向湿地超标排放污染物，禁止对湿地野生动物栖息地和鱼类洄游通道造成破坏，禁止破坏湿地及其生态功能的其他活动。

2. 规范湿地用途管理

完善涉及湿地相关资源的用途管理制度，合理设定湿地相关资源利用的强度和时限，避免对湿地生态要素、生态过程、生态服务功能等方面造成破坏。进一步加强对取水、污染物排放、野生动植物资源利用、挖砂、取土、开矿、引进外来物种和涉外科学考察等活动的管理。

3. 严肃惩处破坏湿地的行为

湿地保护管理相关部门根据职责分工依法对湿地利用进行监督，对湿地破坏严重的地区或有关部门进行约谈，探索建立湿地利用预警机制，遏制各种破坏湿地生态的行为。严厉查处违法利用湿地的行为，造成湿地生态系统破坏的，由湿地保护管理相关部门责令限期恢复原状，情节严重或逾期未恢复原状的，依法给予相应处

美丽城市建设

罚，涉嫌犯罪的，移送司法机关严肃处理。探索建立相对集中行政处罚权的执法机制。湿地保护管理相关部门或湿地保护管理机构要加强对湿地资源利用者的监管。

三、建立退化湿地修复制度

1. 明确湿地修复责任主体

对未经批准将湿地转为其他用途的，按照"谁破坏、谁修复"的原则进行恢复和重建。能够确认责任主体的，由其自行开展湿地修复或委托具备修复能力的第三方机构进行修复。对因历史原因或公共利益造成生态破坏的、因重大自然灾害受损的湿地，经科学论证确需恢复的，由地方各级人民政府承担修复责任，所需资金纳入财政预算。

2. 多措并举增加湿地面积

要对近年来湿地被侵占情况进行认真排查，并通过退耕还湿、退养还滩、排水退化湿地恢复和盐碱化土地复湿等措施，恢复原有湿地。各地要在水源、用地、管护、移民安置等方面，为增加湿地面积创造条件。

3. 实施湿地保护修复工程

坚持自然恢复为主与人工修复相结合的方式，对集中连片、破碎化严重、功能退化的自然湿地进行修复和综合整治，优先修复生态功能严重退化的国家和地方重要湿地。通过污染清理、土地整治、地形地貌修复、自然湿地岸线维护、河湖水系连通、植被恢复、野生动物栖息地恢复、拆除围网、生态移民和湿地有害生物防治等手段，逐步恢复湿地生态功能，增强湿地碳汇功能，维持湿地生态系统的健康。

4. 完善生态用水机制

水资源利用要与湿地保护紧密结合，统筹协调区域或流域内的水资源平衡，维护湿地的生态用水需求。从生态安全、水文联系的角度，利用流域综合治理方法，建立湿地生态补水机制，明确技术路线、资金投入以及相关部门的责任和义务。水库蓄水和泄洪要充分考虑相关野生动植物保护需求。

5. 强化湿地修复成效监督

根据国家制定的湿地修复绩效评价标准，组织开展湿地修复工程的绩效评价。

由第三方机构开展湿地修复工程竣工评估和后评估。建立湿地修复公示制度，依法公开湿地修复方案、修复成效，接受公众监督。

四、健全湿地监测评价体系

1. 完善湿地监测网络

健全湿地监测数据共享制度，林业、国土资源、环境保护、水利、农业、海洋等部门获取的湿地资源相关数据要实现有效集成、互联共享。加强生态风险预警，防止湿地生态系统特征发生不良变化。

2. 监测信息发布和应用

根据国家制定的湿地监测评价信息发布制度，规范发布内容、流程、权限和渠道等。运用监测评价信息，为考核地方各级人民政府落实湿地保护责任情况提供科学依据和数据支撑。建立监测评价与监管执法联动机制。

五、完善湿地保护修复保障机制

1. 加强组织领导

地方各级人民政府要把湿地保护纳入重要议事日程，实施湿地保护科学决策，及时解决重大问题。各地区各有关部门要认真履行各自职责，进一步完善综合协调、分部门实施的湿地保护管理体制，形成湿地保护合力，确保实现湿地保护修复的目标任务。强化军地协调配合，共同加强湿地保护管理。

2. 加大资金投入

发挥政府投资的主导作用，形成政府投资、社会融资、个人投入等多渠道投入机制。通过财政贴息等方式引导金融资本加大支持力度，有条件的地方可研究给予风险补偿。探索建立湿地生态效益补偿制度。

3. 完善科技支撑体系

加强湿地基础和应用科学研究，突出湿地与气候变化、生物多样性、水资源安全等关系研究。开展湿地保护与修复技术示范，在湿地修复关键技术上取得突破。建立湿地保护管理决策的科技支撑机制，提高科学决策水平。

美丽城市建设

4. 加强宣传教育

面向公众开展湿地科普宣传教育，利用互联网、移动媒体等手段，普及湿地科学知识，努力形成全社会保护湿地的良好氛围。抓好广大中小学生湿地保护知识教育，树立湿地保护意识。研究建立湿地保护志愿者制度，动员公众参与湿地保护和相关知识传播。

第三节　城市水环境修复

水环境修复是生态宜居城市建设的重要措施。通过修复水体生态功能，提升环境质量、增强社会经济活力，为居民提供更加健康、舒适和可持续的生活空间。科学系统推进水生态保护修复，才能保障水安全和生态安全。①

一、科学制定流域水生态保护修复规划

1. 开展流域水生态功能分区

统筹市域空间地貌类型、自然资源禀赋、土地利用、水生态系统特征和生态敏感性等因素，综合考虑不同流域特点和区域发展功能定位，开展流域水生态功能分区，按照因地制宜、分类指导的原则，提出不同功能分区水生态保护修复的要求和目标。

2. 编制河湖水生态空间管控规划

在保障河流防洪、水资源涵养、生态环境保护等基本功能的基础上，合理确定河湖等生态空间和人类生产生活空间，科学划定主要河流、湖泊、水库、湿地、蓄滞洪涝区水生态空间，明确管控范围和要求。编制河湖水生态空间管控规划，作为国土空间规划体系中的水专项规划，形成一套空间划分成果、一本空间利用台账、一套管控对策方案，作为水生态空间保护和用途管制的基本依据。

---

① 参见：北京市人民政府关于进一步加强水生态保护修复工作的意见[EB/OL].（2022-09-14）[2025-01-26]. https://www.beijing.gov.cn/zhengce/zfwj/zfwj2016/szfwj/202209/t20220914_2814567.html.

3. 编制流域水生态保护修复规划

基于流域水生态功能分区，立足山水林田湖草沙一体化保护修复，充分考虑河湖水生态系统保护修复与流域各生态要素的关系，以流域为单元，以问题为导向，科学编制流域水生态保护修复规划。推进满足防洪安全、水资源优化调度、水环境质量改善、水生态健康、水景观提升、水文化传承等多目标要求的重要支流流域水生态保护修复方案编制工作，着力巩固提升重点区域和流域的水生态功能。

二、统筹推进流域山水林田湖草沙系统修复

1. 统筹流域水陆系统治理

统筹协调治水与治山、治林、治田、治村（镇/城）的关系，实施源头治理、系统治理、综合治理，持续降低入河污染物总量，实现清水下山、净水入河入库。

治山与治水相统筹　加强重点土壤侵蚀区水土保持综合治理。对25度以上坡地水土流失敏感区实施封山育林，减少人为干扰，加强生态保护。鼓励5度以上25度以下坡地有序退出农作物种植，实施生态修复。持续加大废弃矿山生态修复力度，改善退化土地状况和生态环境质量。严控人为水土流失，科学推进生态清洁小流域建设，提升水土保持率，确保清水下山。

治林与治水相协调　坚持以水定林、以水定绿，科学开展造林绿化。鼓励种植抗逆性强、根系发达、防护功能强的本土树种，提高水土保持和水源涵养能力。加强造林绿化施工管理，注重保护原生灌草植被，禁止毁坏表土、全垦整地。发展林下经济，要最大限度减少对地表的扰动，减少化肥农药施用量，加强节水保墒，控制林下水土流失和面源污染。加强河湖生态缓冲带建设。坚持水域空间湿地自然恢复、自我修复，最大限度减少人为扰动。禁止在行洪河道内种植阻碍行洪的林木。禁止违法占用耕地、河湖、水库等建设人工湿地。

治田与治水相统筹　加强农田面源污染防治，加大测土配方、合理替代、精准施肥等精准化氮磷养分管理技术和病虫害绿色防控技术推广应用力度，发展绿色农业，加强化肥农药源头控制。科学推进土地复垦和综合整治。严格畜禽养殖污染防治监管，推进养殖业粪污、种植业废弃物的综合整治和资源化利用。因地制宜加

美丽城市建设

强农田缓冲过滤带、生态沟渠、堰塘湿地等生态设施建设，通过源头减量、过程阻断、末端治理，防控农业面源污染入河入库。

治村（镇/城）与治水相统筹 持续加大城乡生活垃圾和污水收集处理力度，推进生活垃圾和处理后的污泥的资源化利用。大力推进海绵城市、海绵家园建设，统筹城镇公共空间与海绵设施的布局融合，最大限度削减城市初期雨水面源污染。强化合流制管网降雨溢流污染治理工程体系和排水智慧管理体系建设，全面提升溢流污染控制水平。加强协同联动，防范垃圾通过道路进入雨水口。持续开展"清管行动"，减少汛期初期雨水及垃圾渣土污染物入河。完善"厂网河一体化"调度运行机制，以河湖水质达标倒逼排水管网和污水处理厂运营管理水平提升。

2. 加强河湖水生态保护修复

综合考虑水文节律、连通性、生境多样性、生物多样性等关键生态要素，实施河湖水系水生态的系统保护修复，维护河湖健康生命，促进河湖功能永续利用。

着力提升河湖生态用水保障能力 坚持量水而行，立足流域水资源及调配工程条件，加强生活、生产和生态用水统筹，优化雨洪水、地下水、再生水、外调水配置；建立健全调度机制，推进基于多目标的水资源精细化调度，逐步退还被挤占的生态用水。综合考虑生物节律和自然水文节律特征，科学实施生态用水调度，优化生态补水流量过程，促进地表地下协同修复，提升生态修复成效，推动河湖生态环境复苏。修复湿地应坚持因水因地制宜，充分利用雨洪水和再生水，禁止使用地下水。准确把握北京地区水资源紧缺现状和水资源管理要求，不盲目建设人工湖、人工湿地、大水面造水景等。

大力推动改善河湖水系连通性 以流域为单元，健全河流、湖泊、水库、沟渠等生态水系格局，逐步完善流域相济、多线连通、多层循环、生态健康的水网体系。对河流中丧失水资源和洪水调蓄功能、阻断连通性的塘坝等设施，依法依规实施报废拆除。对确需保留的闸、坝，加快完善生物连通设施，改善河流纵向连通性。加大对河流（湖库）水域—河（湖库）漫滩—河（湖库）滨带—陆地生态系统的保护修复力度，建立河湖水库岸线调查、统计、分析以及公开公示制度，在确保防洪安全的前提下，改造硬质护岸，建设生态岸线，恢复自然岸线，因地制宜布设动物迁徙、饮水、捕食通道，提升河流横向连通性。依托河湖管理保护范围内的滨水空间，建设贯通的滨水生态廊道，提升河湖水网生态质量和功能。禁止在河湖管理范围内修建阻水渠道、阻水道路。

切实提升河湖栖息地生境多样性 依据水生态功能分区，考虑山区、平原、城镇以及水域、河（湖库）滨带等不同区位生态特征，坚持自然恢复为主、人工修复为辅，实施河湖水系分类分段分区保护修复，着力改善野生生物栖息环境。推动水岸融合、一体化规划设计，适度拓展河道规划设计空间，按照宜宽则宽、宜弯则弯的原则，重塑健康自然的河湖岸线，恢复河滩、洼塘、岛洲、溪流、河滨带等多样化生境，以生境多样性驱动生物多样性，为鱼类、鸟类、两栖动物、底栖生物等重要野生生物提供良好栖息地。坚持"自然、生态、低扰动"原则，加强水资源科学调度，采取"以水开路、用水引路"自然力驱动的修复方式，对断流、萎缩、受损的河流进行自然形态重塑。强化对滨水空间开发建设项目规划建设的监管，保障野生生物栖息地环境质量。

维护并提高河湖生物多样性 强化乡土珍稀、濒危水生野生动物栖息地保护修复，进一步加强已发现乡土珍稀物种河段的栖息环境保护。禁止任何单位和个人破坏国家和地方重点保护的水生野生动物生息繁衍的水域、场所和生存条件。加强城市河湖生态化运行维护，为鱼类产卵、索饵、越冬、洄游提供全生命周期保护，为鸟类、两栖动物等野生动物栖息设立留野空间。科学实施生物操纵，促进河湖水生态环境改善，提升生物多样性。防治河湖水系外来物种入侵。

不断增强城市河湖滨水空间生态服务功能 推进滨水公共空间高起点规划、高标准建设、高品质开放和高水平管理，提高滨水空间品质，建设幸福河湖。在符合防洪安全等规定的前提下，科学实施城区河湖水域岸线滨水空间多功能融合，逐步恢复历史水系，促进城市功能织补和生态修复。根据不同河湖（河段）功能定位，加强城市郊野段河湖滨水空间的保护修复，兼顾生态性和亲水性，更好满足市民休闲、娱乐、观赏、体验等多样化需求。

三、加强水生态空间管控和监测评价

1. 加快推进水流自然资源确权登记

探索建立水流自然资源（含水资源、水生态空间）三维登记模式，通过确权登记，明确水流的范围边界、面积等自然状况，所有权主体、所有权代表行使主体、所有权代理行使主体以及权利内容等权属状况，并关联公共管理要求，推进水生态空间管控责任和要求落地落实。

2. 强化水生态空间管控

动态更新水生态空间基础信息台账，严格落实生态保护红线管控规定，本着尊重自然、尊重历史的原则，分区分段明确水生态空间差异化管控要求，研究建立负面清单制度。分类处理不符合水生态空间管控要求的存量建设，加快推进河道、湖泊、水库管理范围内基本农田和河道内林地的优化调整。严控各类与水生态空间主体功能不符的新增建设项目和活动，确保水生态空间面积不减少、功能不降低。加大河湖监管和执法力度，有序推进各类违法违规用地清理，腾退过度开发的河湖空间。常态化整治河湖管理保护范围内的乱占、乱采、乱堆、乱建等行为；河湖管理范围内严禁以任何名义非法占用，严禁以各种名义围湖造地、非法围垦河道。禁止在饮用水水源一级保护区内新建、改建、扩建与供水设施和保护水源无关的建设项目。强化入河排污口监管。研究推进重点河湖（河段）水库五年全面禁渔。加强生产建设项目水土保持监督管理。大力推进"智慧水务"建设，提升水生态空间监管能力。

3. 加强水生态监测与健康评估

以水生生物多样性为重点，加强水生态空间生态本底调查。以生境指标、生物指标、水体理化指标为重点，持续动态开展水生态健康监测。完善覆盖全市主要地表水功能区、重要河湖水系和湿地的水生态监测网络，建立不同水域水生态健康指示物种名录并动态更新。加强水生态健康评价，及时向社会公开河湖水生态健康信息。加强新技术应用，开展重点水库主要污染物溯源解析，系统推进水生态系统胁迫因子分析。加强水生生物外来有害入侵物种的监测和评估。

四、完善政策机制

1. 创新工作推进机制

推行"流域统筹、区域落实"的水生态保护修复系统治理模式。建立规划联合编制和项目联合审查工作机制，流域和跨区重要支流流域水生态保护修复规划。建立项目实施运行机制，强化部门和区域联动，统筹陆域和水域，增强流域水生态保护修复的系统性及与区域发展的协同性、集约性。

2. 探索建立水生态产品价值实现机制

完善水生态产品调查监测和价值评价制度规范，建立水生态产品价值核算标准，积极探索以水为媒的生态产品价值实现机制。健全水流生态保护补偿机制，以重要水源地为重点，探索建立水资源保护和战略储备横向生态保护补偿制度；以水生态改善和水环境治理为重点，健全完善水生态区域补偿制度；以水源涵养为重点，优化实施纵向水流生态保护补偿制度；以水岸经济为重点，探索水生态保护与绿色开发合作共建、效益共享机制。

3. 健全完善资金投入政策

创新项目资金投入政策和支持模式，探索打破分行业确定投资内容的传统做法，实行山水林田湖草沙一体化保护修复综合支持政策。在符合流域规划的前提下，针对不同流域和项目的特点，明确牵头部门和协同部门，统筹组织推进流域水生态保护修复项目实施。加大财政投入力度，用好专项债券，发展绿色金融，加强水务投融资体制改革与水价政策联动，鼓励和支持社会资本通过自主投资与政府合作、公益参与等模式，参与流域水生态保护修复项目投资、设计、实施和全生命周期运营管护等。探索建立水生态保护修复合理回报机制。

五、强化组织实施

1. 加强组织领导

以落实河长制为抓手，压紧压实各级政府、各有关部门责任，形成部门联动、上下协同、流域统筹的工作机制。在河长制、林长制、田长制基础上，组建由市级

美丽城市建设

河长担任主任的流域协调委员会，成员单位由流域内相关区政府和市有关部门组成，负责推动本流域重点任务落实，促进区域管理与流域管理有机融合，增强流域水生态保护修复的系统性和整体性。

2. 强化科技支撑

完善流域水生态保护修复标准体系和流域水生态系统安全健康评价技术体系。深入开展生态流量、水生态系统调控、流域水环境容量、"水""林"功能融合、数字孪生流域、水生态空间占用补偿制度等研究。开展流域水生态保护修复科学实验、机制创新和工程示范，形成一批可复制可推广的治理模式和管理经验。加强新材料、新技术、新设备推广应用，积极开展国内外交流与合作，吸收借鉴国内外先进理念与技术。

3. 完善考核评估

将水生态保护修复任务目标和相关工作纳入河长制、林长制、田长制等考核体系。结合城市规划体检评估，以自然及生态岸线、水文地貌、连通性、生物多样性、水质、生态流量等为主要指标，开展河湖水系水生态保护修复状况评估，评估结果作为生态补偿、转移支付资金分配的参考依据。

4. 推动社会共治

加强对涉水相关法律、法规、规章和标准、规范的宣传培训，不断增强各级领导干部和广大市民水生态保护修复的法治意识。广泛普及水生态基础知识，传播生态文明理念，不断提升全民生态文明素养。建设水生态教育实践基地，引导公众积极参与水生态保护修复，鼓励社会组织和个人建言献策，推动形成全社会共同保护水生态的思想共识和行动自觉，努力营造共建共治共享格局和人与自然和谐共生的良好社会氛围。

第四节 城市生物多样性保护

生物多样性为城市提供的生态系统服务对提高城市宜居性有重要作用。打造绿色美丽和谐幸福的美丽城市，以人民群众日益增长的优美生态环境需要为出发点，全面提升生物多样性治理能力，才能建设美丽的生态宜居城市。[①]

一、推进生物多样性主流化

1. 落实生物多样性保护政策法规

落实国家和省制定出台的生物多样性保护和监管法规制度，深入推进林长制、河湖长制、田长制，保护重要生态系统和物种资源。探索推动生物多样性保护、自然保护地管理、野生动植物及其栖息地保护、生物安全、生物资源可持续利用等立法工作。逐步淘汰或改革不利于生物多样性保护的激励措施和补贴政策，探索将生物多样性保护恢复成效纳入生态保护补偿政策。

2. 健全生物多样性保护机制

建立跨部门生物多样性保护协调工作机制，明确各部门管理和监督职责，加强信息共享、部门联动、监督检查，进一步优化完善生物多样性保护工作机制。完善领导干部自然资源资产离任审计以及生态环境损害责任追究制度。探索构建与生态环境损害赔偿及公益诉讼相衔接的生物多样性损害赔偿制度，健全生物多样性损害鉴定评估方法和工作机制。健全完善多元化市场化的生态保护补偿机制，坚持受益者付费原则，深化流域横向生态保护补偿机制。健全部门联合行政执法与刑事司法联动机制。

3. 健全生物多样性保护规划体系

持续将保护生物多样性及其多重价值纳入各级国民经济和社会发展规划、国土空间规划，以及生态环境、自然资源、农业农村、林水、海关、卫生健康、建设、园林、交通运输等相关部门的中长期发展规划、工作计划及行动方案，形成与上述部门的协商机制，统筹编制相关规划。将生物多样性保护作为自然保护地发展、生态保护修复、自然资源开发利用等相关专项规划的重要内容，实施生物多样性保护相关工程。鼓励重点区域、企业和社会组织自愿制定生物多样性保护行动计划，全

---

① 参见：关于印发《杭州市生物多样性保护战略与行动计划（2024—2035年）》的通知[EB/OL].（2024-12-27）[2025-01-26]. https://epb.hangzhou.gov.cn/art/2024/12/27/art_1229545149_4323353.html.

美丽城市建设

面提升生物多样性保护意识。

4. 带动企业参与生物多样性保护

建立完善企业生物多样性保护正向激励机制，鼓励企业定期监测、评估和披露其生产经营活动对生物多样性的依赖程度、影响和风险，推动将生物多样性相关信息纳入企业生态环境信息依法披露及其监督管理活动内容，以及环境、社会及治理（ESG）等企业可持续发展报告。探索建立生物多样性可持续利用及生物多样性友好型企业组织管理流程和认证体系，带动产业链上下游协同治理，促进形成可持续的生产模式，努力减少商业活动对生物多样性的不利影响。在企业参与生物多样性保护方面形成一批优秀实践案例并予以宣传推广。引导企业遵守生物遗传资源和相关传统知识获取与惠益分享要求。鼓励和推动金融机构将生物多样性纳入项目投融资决策。

5. 倡导生物多样性保护全民行动

创新拓宽全民参与渠道，完善全市生物多样性违法活动监督及举报机制，支持新闻媒体开展科学舆论监督，适当开展公民科学活动，激励和引导全民参与生物多样性保护数据积累和成果共享，运用数字化、图表图解、音频视频等方式提高生物多样性保护相关法规政策解读的针对性、科学性和权威性，挖掘生物多样性"明星物种""生物多样性保护"典型经验等社会关切的热点，增加公众对生物多样性保护工作的支持与认可。鼓励有关社会组织、志愿团队参与生物多样性保护，探索建立联盟等协作机制，发挥相关非政府组织在生物多样性方面的作用。推出生物多样性重点融媒科普产品，加快生物物种资源、生物多样性相关传统知识编目及志书编制，完善生物多样性宣传教育基础设施，将生物多样性纳入教育培训方案，依托当地生物多样性特色为学生和社区居民提供教育培训。依托植物园、动物园、湿地公园等生物多样性体验地，深化自然教育、生态体验、野外探险等沉浸式体验产业建设发展，推动搭建生物多样性数字博物馆、线上展览、云上课堂等组成的网络宣教体系，推出一批具有鲜明生物多样性教育示范意义和激励作用的陈列展览。

二、减缓生物多样性丧失威胁

1. 加强重要生态空间的保护

将生物多样性作为国土空间规划与治理的重要内容，严守生态保护红线，加强生态保护红线人为活动管控，开展动态监测及保护成效评估。充分衔接国土空间规划分区和用途管制等要求，落实生态环境分区管控动态更新方案。优化陆地和近岸海域的生物多样性保护优先区划定，制定分区管控方案，有效保护区域重要生态系统、物种及其栖息地。

2. 加强重要生态系统保护和修复

推进山水林田湖草一体化保护和系统治理、生态修复，加快受损生态系统、物种栖息地和关键生境的保护修复。高标准推进生态功能区建设，持续加强重点区域生态修复工作，强化天然林和生态公益林保护，提高森林覆盖率和质量，推进河流湖泊湿地生态修复，持续恢复不合理开发以及功能区退化的湿地，恢复指示性物种栖息地，保护修复江海湿地等候鸟迁徙栖息空间。落实内陆水域渔业资源养护管理措施，规范增殖放流，加强水生生物多样性保护，因地制宜实施水生植物恢复，高标准建设美丽幸福河湖。加强绿地林地生态保育，改善农田土壤健康状况。

3. 构建多种类型生态廊道

依托山岭生态屏障、河流生态廊道、道路生态廊道等重要空间，健全完善山岭、河流、道路等多类型生态廊道，改善栖息地碎片化、孤岛化、种群交流通道阻断的状况。深入调查评估保护优先区域内重要保护物种的分布区域及种群扩散趋势，规划廊道建设方案。采取近自然方式，建设生物生态廊道或珍稀濒危野生动植物关键扩散廊道，通过开展生态保护修复、生态系统质量提升、森林病虫害防治、洄游通道建设以及生物多样性保护等措施，为各生态斑块提供联系纽带，将分散的栖息地斑块连通融合，打通水生生物洄游通道，促进动植物种群基因交流。

4. 推进就地保护体系建设

构建以自然保护地为核心、生态保护红线及城市生态空间网络为框架的就地保护空间格局。加快推进自然保护地勘界立标，推进各类型自然保护地融合发展，提

美丽城市建设

升自然保护地建设管理水平，积极开展除自然保护地外的其他基于区域的有效保护措施（OECMs）。加强重要候鸟集中停歇和越冬区、主要迁徙路线和重要栖息地保护。持续开展珍稀濒危物种、旗舰物种、极小种群保护，推进濒危野生动植物就地抢救性保护，开展野生动物重要栖息地修复和规范化建设，积极推进特色乡土物种种群有效保护和恢复。

5. 完善生物多样性迁地保护体系

进一步发挥植物园、动物园等机构对重要物种、生物资源的迁地保育和保存繁育作用，完善珍稀濒危动植物、旗舰物种和指示物种的迁地保护群落管理。对于栖息地环境遭到严重破坏的重点物种，加强其替代生境研究和示范建设，实施珍稀濒危水生野生生物抢救性保护行动。健全野生动物收容救护体系，鼓励社会力量参与收容救护。抓好迁地保护种群的档案建设与监测管理。

6. 加强野生生物资源可持续管理

基于野生生物种群监测结果，实行差异化野生物种群动态化管控措施，构建野生动物资源监测、危害防控、执法监管、公益诉讼一体化机制。完善野生动物致害的损失补偿、救助保险等政策机制。严格实施禁渔期制度，优化捕捞生产作业方式。严格执行特许猎捕证制度、采集证制度、人工繁育许可证制度等重点野生动植物利用管理制度，降低人为导致野生动植物灭绝的风险。完善野生动物致害的损害补偿制度，开展野生动物致害救助保险，推动化解人与野生动物冲突。强化濒危野生动植物进出口管理。

7. 提升生物安全管理水平

严格落实生物安全法，加强部门联动，强化"异宠"交易与放生规范管理，保障生物安全。履行外来入侵物种防控管理职责，加强外来物种引入审批管理，强化入侵物种口岸防控。加强松材线虫、福寿螺、加拿大一枝黄花、凤眼莲等外来入侵物种综合防控技术研究和应用，提升防治精准化、规范化水平。建设野生动物疫源疫病监测和预警平台，加强应急处置队伍建设，有效提升主动预警和溯源追踪能力。

三、提升生物多样性可持续利用与惠益共享水平

1. 种质资源的收集、保存与科学管理

加强农作物、畜禽、水产、林草等种质资源的调查和收集保护，围绕粮食、蔬菜、茶叶、水果、桑蚕、畜牧、渔业等主导产业发展需求，建设特色种质资源圃（库），支持种业企业开展育种和合作育种。鼓励科研院所（校）、育繁推一体化种业企业从全国乃至全球广泛引进和保存种质资源并鉴定利用，支持种业企业积极开展主要农作物良种繁育。

2. 重点行业可持续管理

深入推进农、林、牧、渔、中医药等产业可持续管理，创新并推行生态高效种养模式。推进病虫害绿色防控、养殖尾水资源化利用、病死养殖动物及其产品无害化处理等省工节本减污技术。提升资源利用效率和清洁生产水平，推进酿造、燃料、印染、药品、建材等行业的替代资源研发，有序推动重点企业定期发布生物多样性影响社会公告，鼓励将生物多样性影响纳入大型工程建设全周期管理和资源开发项目投融资决策。

3. 基于生物多样性的生态产品价值实现

制定完善生态产品价值核算和生态产品认证地方标准和技术体系，创新探索将物种保护、生物多样性体验地建设、区域生态产品品牌等内容纳入价值核算体系。鼓励社会资本和地方社区以多种形式参与生态系统保护修复、生态产品开发、生态产业项目打造，建立健全生态产品价值实现机制，探索建立政府引导、企业和社会各界参与、市场化运营的生态资源资产经济管理平台，建立生态资源资产核算与动态变化的账户。

4. 城市生物多样性友好建设

推动城市生物多样性常态化监测，制定城市生物多样性调查、评估与监测技术标准。加强城市和人口密集地区蓝绿空间及生态廊道建设，推动存量绿地近自然改造和城市再野化，提高城市生态系统服务功能和自我维持能力。在城市园林绿化中倡导选用乡土植物，持续推进城市扩绿工作，推动郊野公园建设，丰富城市生物栖

息地。推进城市生物多样性友好建设，将生物多样性融入城市更新、生态修复、智慧化改造及各类示范创建过程。推动城市古树名木保护、复壮和智慧化管理，构建全市文物保护单位内古树名木专题数据资源库。建立完善城市外来入侵物种风险防控、人兽接触及疫病传播风险防控机制。

5. 生物多样性融入和美乡村建设

深入推进新时代"千万工程"，稳步推进农村人居环境品质提升，加快推动生物多样性保护与和美乡村建设协调发展。充分挖掘乡村地区的生物多样性综合价值，依托茶叶、水果、特色蔬菜、林特产品等区域特色产品，综合利用山水、文化、生态等资源，保护推广传统的生物多样性友好技术和做法，突出和美乡村建设的区域特色。

6. 生物多样性相关传统知识的传承与弘扬

以重点调查和普查相结合的方式建立全市重要生物遗传资源和相关传统知识编目数据库。启动生物多样性相关传统知识及传承人数字化、影像化记录工作，完善记录体系。重点加强地理标志、新品种、专利权等知识产权保护，支持地方品种申请地理标志产品保护和重要农业文化遗产保护。活化优秀农耕、中医药等传统知识，鼓励优秀传承人开展传习收徒活动，推动生物多样性相关传统知识的传播、传承、科学研究和产业开发，挖掘其对城市历史文化弘扬、乡村振兴、生态产业发展等的潜在价值，推动生物多样性相关传统知识融入文旅产业发展及创意产品，培育一批生物多样性相关传统知识传习体验基地，推进传统知识创造性转化与创新性发展。

四、加强生物多样性现代化治理

1. 生物多样性调查监测与评估

以自然保护区、自然公园、重要物种栖息地、城区绿地等为重点，统一规范调查技术标准和方法，定期开展生态系统、重点生物物种及遗传资源的调查评估。建立"空—天—地—水"一体化监测体系，充分依托现有各级各类监测站点和监测样地（线），完善生物多样性监测网络，推动国家生态质量综合监测站建设。建立本地化生物多样性评估技术规程，细化评价参数、评价基准及数据规范，定期开展遥感监测、重要水体水生生物多样性监测和专项评估。筛选重点区域、重点物种，建设生物多样性智慧监测试点，开展长期动态监控和保护恢复成效评估，持续更新并定期发布生物多样性保护白皮书及生物多样性综合评估报告。

2. 推进数字赋能生物多样性保护

持续推进"生态智卫"迭代升级，整合相关部门、科研院所等各级各类生物资源数据库，建设统一的生物多样性信息平台，完善"大生态"数据共享共用和一体化智能化管理机制，实现数据信息安全和有序开放。充分利用智能化监测、评估和预警体系以及云计算、物联网、人工智能等技术，探索建立生物多样性保护与生态环境质量相协同的"一网统管"模式。在自然保护地、重要生态系统和物种栖息地等重点区域，重点围绕优先保护区域的区域特点和保护要求，建立数字化保护示范基地，提升生物多样性智能感知、精准监管和综合治理能力。

3. 提升生物多样性监督执法能力

配合生态环境保护督察行动，深入实施一系列执法行动，落实跨部门和跨区域联合执法行动。加大对非法猎捕、采挖、运输、交易野生动植物及其制品，破坏珍稀濒危物种种群及其生境等违法犯罪行为的打击力度，坚决制止和惩处破坏生态系统、物种和遗传资源的行为。加强地方政府和基层机构的能力建设和执法管理。

4. 协同推进降碳减排

加大降碳减排力度，实施碳汇能力巩固提升攻坚行动。探索实施基于自然的解决方案（NbS）和基于生态系统的方法（EbA），通过恢复生物多样性增强自然生态系统、城市生态系统、农业等经济社会系统气候韧性和适应能力。深化海绵城市建设，推动低（零）碳县、镇、村及绿色低碳园区试点建设。研发推广农业、林业等领域气象灾害防御和适应新技术，提升气候风险管理和防灾减灾救灾能力。

5. 强化科技创新与人才培养

聚焦生物多样性保护、恢复、可持续利用领域基础科学研究和应用技术，加大基础科研工作支持力度，发挥高等院校、科研院所的科研教学和人力资源优势，推进科教结合，支撑科学决策。完善科技创新激励制度，推进将生物多样性核心技术纳入重点科研计划项目，支撑建设技术研发中心、企业研究院等创新平台，鼓励企事业单位开展关键技术研发攻关。推广成熟的科研成果和技术，促进成果转化共享。完善生物多样性人才培养和引进机制，组建生物多样性保护专家智库。加强生物多样性保护一线工作人员的培养培训力度，提升人才队伍的专业技能和管理决策水平。

6. 建立完善多元化投融资机制

创新生物多样性治理多元化投融资机制，强化资金资源的统筹调动，整合现有生态保护修复治理资金，优化调整资金结构，严格生物多样性资金使用监管。调动各类金融机构建立优惠信贷专项支持生物多样性保护重大工程，充分利用生态系统服务付费、绿色债券、碳信用等方法进行融资。探索建立生物多样性专项基金，引导社会资本参与生物多样性保护和恢复。积极争取国际资金支持。

7. 促进国内外合作交流

落实"昆明—蒙特利尔全球生物多样性框架"，借助现有双多边环境合作机制和平台，加强生物多样性保护与绿色发展领域的国际交流与合作，推动知识、信息、科技交流和成果共享。强化与国家级科研院所的通力合作，引入先进理念、经验和技术，在顶层设计、监测与评估、生态系统恢复、生物安全等领域加强联动。充分发挥生态环境共保联治合作框架协议作用，进一步推动生物多样性保护、绿色低碳发展、碳交易、数字化改革、固体废物跨界处理、生态环境执法和监测能力帮扶等交流。

第五节 城市噪声污染防治

噪声污染影响城市居民的生活质量，对生态系统也会产生不利影响，有效的噪声控制措施能够提升城市的宜居性。建设生态宜居城市，回应市民对优美环境的新要求新期待，就要持续改善声环境质量，全面提升噪声污染防治水平。[①]

一、提升声环境管理基础能力

1. 科学调整声环境功能区划

针对声环境功能区划存在的主要问题，结合声环境质量标准、国土空间规划和相关规划的制修订情况，调整声环境功能区划。

2. 推动噪声敏感建筑物集中区域划定试点

根据声环境管理需要，在重点区域，结合声环境质量标准、国土空间规划和相关规划、噪声敏感建筑物布局等，开展噪声敏感建筑物集中区域划定试点工作。

3. 落实声环境质量改善责任

明确有关部门的噪声污染防治监督管理职责，指导未达到声环境质量标准的地区编制声环境质量改善规划或实施方案。结合生态环境质量状况公报，定期发布声环境质量状况信息。

4. 实现声环境质量监测自动化

调整优化功能区声环境质量监测站点，统筹开展功能区声环境质量自动监测工作。逐步实现功能区声环境质量自动监测，统一采用自动监测数据评价。加强噪声监测相关计量标准建设，做好噪声监测类仪器的检测校准工作，有效支撑声环境质量评价和噪声污染治理。

5. 提升基层执法能力

加强有关执法队伍噪声监测设备配置，推动执法过程中新技术、新装备、新方法的使用，提高执法效能和依法行政水平。健全执法监测工作机制，鼓励有资质、能力强、信用好的社会化检测机构参与辅助性执法监测工作。

6. 建设噪声防治数字化管理平台

集成声环境质量自动监测、重点污染源管理、热线信访等相关信息，推进噪声数字化管理平台建设，应用空间信息化技术促进噪声污染重点区域和问题的识别，

[①] 参见：关于印发《上海市噪声污染防治行动方案（2024—2026年）》的通知[EB/OL].（2024-05-17）[2025-01-26]. https://www.shanghai.gov.cn/gwk/search/content/40722b36bc0648739adc6fd42cc0723c.

美丽城市建设

提高噪声污染防治精准化、精细化管理水平。鼓励有条件的地区依托噪声地图、噪声溯源等信息化手段，加强噪声污染防治精准化管理。

二、管控噪声源头

1. 完善规划相关要求

制定或修改国土空间规划、交通运输规划和相关规划时，应合理安排大型交通基础设施、工业集中区等与噪声敏感建筑物集中区域之间的布局，落实噪声与振动污染防治相关要求。

2. 细化交通基础设施选址选线要求

加强铁路、轨道交通、高速公路、城市快速路、民用机场等大型交通基础设施选址选线的环境合理性论证，尽量避开噪声敏感建筑物集中区域，严格按照选线专项规划批准的控制线审查办理项目规划意见书、设计方案等手续，做好规划实施工作。把好通用机场选址、运输机场总体规划审查关，依法落实噪声规划控制要求。严格落实机场周围噪声敏感建筑物禁止建设区域与限制建设区域的规划管控。

3. 优化噪声敏感建筑物建设布局

在交通干线两侧、工业企业周边等地方建设噪声敏感建筑物，应充分考虑交通干线远期规划发展需求，间隔一定距离，提出相应规划设计要求。科学规划住宅、学校等噪声敏感建筑物位置，避免受到周边噪声的影响；中小学校合理布置操场等课外活动场地，加强校内广播管理，降低对周边环境的影响。噪声敏感建筑物建设应符合建筑环境通用规范、民用建筑隔声设计规范等相关标准要求。

4. 严格落实噪声污染源防治要求

制定修改相关规划、建设对环境有影响的项目时，应依法开展环评，对可能产生噪声与振动的影响进行分析、预测和评估，积极采取噪声污染防治对策措施。建设项目的噪声污染防治设施应当与主体工程同时设计、同时施工、同时投产使用。督促建设单位依法开展竣工环境保护验收，加大事中事后监管力度，确保各项措施落地见效。

5. 加强产品质量监管

及时更新重点工业产品质量安全监管目录；组织对生产、销售有噪声限值国家标准的重点产品进行监督抽查，及时向社会公布结果；督促对电梯等特种设备使用时发出的噪声进行检测；持续强化对汽车、摩托车噪声污染的认证监管。

三、防治工业噪声污染

1. 树立工业噪声污染治理标杆

排放噪声的工业企业应切实采取减振降噪措施，采用低噪声设备与工艺，加强厂区内固定设备、运输工具、货物装卸等噪声源管理，避免突发噪声扰民。鼓励企业采用先进治理技术，打造行业噪声污染治理示范典型。

2. 实施重点企业监管

严格落实国家关于工业噪声排污许可管理要求，有序推进排污许可证核发并加强监管。实行排污许可管理的单位依证排污，按规定开展自行监测并向社会公开监测结果。依据《环境监管重点单位名录管理办法》，编制噪声重点排污单位名录，定期更新。噪声重点排污单位应依法开展噪声自动监测，并与生态环境主管部门的监控平台联网。

3. 加强工业园区噪声管控

推动工业园区建立噪声污染企业清单、强化源头管控，加强噪声污染综合治理；鼓励工业园区进行噪声污染分区管控，优化设备布局和物流运输线路，采用低噪声设备和运输工具。

四、防治建筑施工噪声污染

1. 推广低噪声施工工艺和设备

严格执行房屋建筑和市政基础设施工程禁止和限制使用技术目录，限制或禁用易产生噪声污染的落后施工工艺与设备；推广使用"覆罩法"等低噪声施工工艺和《低噪声施工设备指导名录（第一批）》所列的低噪声设备；逐步推进施工设备的电动化。

美丽城市建设

2. 严格落实噪声敏感建筑物集中区域施工要求

噪声敏感建筑物集中区域的施工场地应优先使用低噪声施工工艺和设备，采取减振降噪措施，加强进出场地运输车辆的管理。建设单位应根据国家规定设置噪声自动监测系统，与监督管理部门联网。加强对噪声敏感建筑物集中区域夜间施工证明申报、审核、发放工作的监管，加强夜间施工现场检查、巡查和后期监管。夜间施工单位应依法进行公示公告，严格落实夜间施工方案和相关噪声污染控制措施。鼓励建立与周边居民的沟通机制，探索实施夜间施工噪声扰民补偿机制。

3. 落实管控责任

建设单位、施工单位应当在建设工程施工合同中明确噪声污染防治责任和防治措施等要求。建设单位应将噪声污染防治费用列入工程造价，监督施工单位编制和落实噪声污染防治工作方案，采取有效隔声降噪设备、设施或施工工艺。将工地噪声污染防治情况与"文明工地"等挂钩，在重大工程、噪声敏感建筑物集中区域和文明工地上先试先行，并逐步推行。通过交通建设工程综合监管平台，对交通建设工地实现远程全覆盖管理。强化夜间施工运输措施要求，总结推广工地分类分级管理经验，细化施工设施噪声防治要求。

五、防治交通运输噪声污染

1. 严格机动车噪声监管

综合考虑交通出行、声环境保护等需要，科学划定机动车禁行禁鸣的路段和时间，依法设置相关标志、标线，并向社会公告。禁止驾驶拆除或者损坏消声器、加装排气管等擅自改装的机动车以轰鸣、疾驶等方式造成噪声污染。定期开展专项执法行动，严厉查处噪声超标"闯禁"、乱鸣号、"炸街"等群众反映强烈的违法行为。在敏感建筑物集中区域路段逐步推广建设查处机动车违法鸣号的非现场执法设备，提升执法效能。

2. 推动船舶噪声污染治理

加强船舶行驶噪声监管，推动内河船舶应用清洁能源。大力推进内河岸电标准化和内河运营船舶的岸电受电设施改造，加大岸电使用支持力度，积极推动靠港集装箱船舶常态化应用岸电并加强监管。

3. 加强公路和城市道路养护

加强公路和城市道路路面、桥梁的维护保养，及时开展低噪声路面、声屏障等减振降噪设施的检查、维修和养护，保障其良好运行。

4. 规范城市轨道交通噪声污染防治

城市轨道交通车辆等装备选型和轨道线路、路基结构等建设应符合相关要求。运营单位严要加强轨道线路和车辆的维护保养，依据规定开展噪声监测和故障诊断，保存原始监测记录，保持减振降噪设施正常运行。

5. 深化铁路噪声污染防治

细化铁路噪声污染治理措施，与辖区铁路运输企业以及相关部门建立工作联系机制，加强行业监管。严格铁路列车鸣笛监管，结合机车大修改造鸣笛装置；加强对铁路线路和铁路机车车辆的维护保养，确保减振降噪设施正常运行，按照国家规定开展噪声监测，保存原始监测记录。鼓励通过中心城区的铁路两侧设置封闭防护栅栏，逐步推动市区铁路道口平面改立交。

6. 加强民用机场噪声管控

完善航空器噪声治理联合工作组推进机制，继续推进机场周边噪声敏感建筑物降噪改造工作，研究制定机场周围民用航空器噪声污染治理方案。督促机场会同航空运输企业和空中交通管理部门，持续落实减噪程序等措施，控制航空器噪声影响。机场持续做好航空器噪声监测工作，按要求向民用航空和生态环境主管部门定期报送监测结果。开展航空器噪声监测结果应用研究。

7. 完善交通噪声污染防治长效机制

组织开展重点区域、重点行业噪声污染专项调查，掌握交通干线噪声污染、防治措施实施状况，排摸噪声污染重点交通干线清单、梳理主要问题，并适时更新。根据信访投诉梳理交通噪声敏感点位，开展重点专项治理，形成长效工作机制。

六、防治社会生活噪声污染

1. 加强经营场所噪声管控

加强对产生社会生活噪声的企事业单位和商业经营者的监管,引导有关企业或单位对空调、冷却塔、水泵、风机等排放噪声的设备设施采取优化布局、集中排放、减振降噪等有效措施,加强维护保养和日常巡查,防止噪声污染。对噪声扰民屡罚不改的商业经营活动场所开展联合执法,依法整治噪声污染违法行为。文化娱乐、体育、餐饮等商业经营者还应对经营活动中产生的装卸理货、促销叫卖、音响及人员活动等其他噪声,采取有效的管控措施。

2. 营造文化场所宁静氛围

博物馆、图书馆、美术馆等文化场所选址和室内声环境应符合相应设计规范要求;场所内部试点设置宁静管控区域,张贴保持安静的提示标识和管理规定,倡导文明阅读、文明观展。

3. 文明开展旅游活动

结合文明旅游有关工作要求,组织开展形式多样的宣传实践活动,在节假日前充分利用网络平台、旅游场所、公共空间等多种渠道普及噪声污染防治有关知识和要求。督促旅行社将噪声污染防治纳入文明旅游工作要求,倡导旅游景区使用静音讲解方式,宣讲公共场所宁静素养,并将有关要求纳入导游领队的业绩考核。

4. 大力推行公共场所噪声规约或文明公约

针对毗邻噪声敏感建筑物的公园、公共绿地、广场、道路(含未在物业管理区域内的街巷、里弄)等公共场所,继续推行噪声控制规约和文明公约,合理规定健身、娱乐等活动的区域、时段、音量,加强日常巡查与劝导。加强全民健身赛事活动管理,倡导广场舞等爱好者自律管理,鼓励各区采用定向传声等技术防治噪声污染,鼓励设置噪声自动监测和显示设施,具备条件的区可与噪声污染防治监督管理部门联网。

5. 加强公共服务设施噪声污染防治

规范垃圾中转站、变电站、公交枢纽站、车辆充电场站等选址、设施设备选型和作业行为，落实减振降噪措施。

6. 强化居民住宅区噪声管控

新建居民住宅区安装的电梯、水泵、变压器等共用设施应符合民用建筑隔声设计相关标准要求。推动房地产开发经营者在销售场所和销售合同中明确住房可能受到的噪声影响以及相应的防治措施。进一步细化物业服务企业告知、巡查、装修人承诺等相关事项，减少装修噪声扰民。

7. 推进建设宁静小区

推进宁静小区建设，鼓励各区、相关街镇和小区积极探索建设模式和长效机制，大力倡导社会共治与社区自治，提升居民满意度。在此基础上，总结试点经验，加大推广力度。鼓励宁静小区设置噪声自动监测和显示设施。

8. 鼓励社区居民自我管理

发挥居委会在指导业委会、物业、业主等做好噪声污染防治工作方面的积极作用，加强对《噪声法》等噪声污染防治相关法律法规和知识的宣传，提高基层群众性自治组织调解处理噪声纠纷的能力，鼓励社区居民自治。

七、全民社会共治

1. 营造社会文明氛围

将噪声污染防治要求纳入文明城区创建工作标准，结合创建工作机制，加强督促指导。将噪声污染防治纳入公益广告宣传内容，积极倡导在公共场所、邻里之间保持安静生活习惯。

2. 优化噪声纠纷解决方式

依托接处警、市民服务热线、信访投诉等各类渠道，及时发现噪声扰民纠纷，开展分级分类处理，及时处置回访，并会同基层群众性自治组织、业主委员会、物业服务人等力量开展劝阻、调处工作。对不听劝阻仍持续干扰他人正常工作生活的，或者有其他扰乱公共秩序等违反治安管理行为的，依法予以治安处罚；构成犯罪的，依法追究刑事责任。健全完善噪声投诉多部门联合处理机制，研究检察公益诉讼参与噪声污染防治工作机制。

美丽城市建设

3. 开展绿色护考行动

在举行中等、高等学校招生考试等特殊活动期间，加强有关部门协调联动，净化考点周边环境，严防噪声污染，优化考试服务保障，为考生创造安全、宁静、舒心的考试环境。

4. 强化社会监督

依法保障人民群众获取声环境信息、参与和监督噪声污染防治的权利。充分发挥舆论监督作用，鼓励聘请人大代表、政协委员、专家和市民代表作为特约监督员，参与声环境质量改善的监督检查工作。提倡建设宁静餐厅、静音车厢等宁静场所。积极推动公众参与，倡导社会组织开展噪声污染防治相关活动，合力推动形成人人有责、人人参与、人人受益的社会共管共治氛围。

第六节 "无废城市"建设

建设"无废城市"，可以有效统筹城市发展与固体废物管理，大力推进固体废物减量化、资源化、无害化，发挥减污降碳协同效应，提升城市精细化管理水平，推动城市全面绿色转型，加快建设"美丽城市"，打造独具韵味的生态宜居城市。[①]

一、突出绿色低碳，提升源头减量水平

1. 推广绿色低碳生产方式

以"三线一单"（生态保护红线、环境质量底线、资源利用上线和生态环境准入清单）为抓手，严控高耗能、高排放、固废产量大或处置难的项目。推进绿色制造体系建设，全面推行清洁生产。制定实施工业领域碳达峰行动方案，全面推进工业固废减量化。推进绿色矿山建设，探索"无废矿山"创建，推广尾矿等

[①] 参见：杭州市人民政府办公厅关于印发《杭州市深化全域"无废城市"建设工作方案》的通知[EB/OL].（2023-01-19）[2025-01-26]. https://www.hangzhou.gov.cn/art/2023/1/19/art_1229712391_7592.html.

大宗工业固废环境友好型井下充填回填技术，减少尾矿库贮存量。实施一批固废源头减量项目，开展危险废物处置峰值研究。制定实施建筑领域碳达峰行动方案，推动新建建筑高质量发展。推广高效节约、生态循环的农业绿色生产方式，加快"肥药两制"改革，健全农业投入品质量追溯制度，建设低碳农场，减少农业废弃物产生。

2. 探索培育"无废产业"

在五大类固废领域探索全生命周期精细化管理，培育一批源头减量最大、资源利用最优、减污降碳显著的标杆企业，带动上下游企业或者周边企业开展无废建设，推进"无废产业"发展。

3. 推广绿色低碳生活方式

推广"光盘行动""无瓶行动"，开展"无废机关"等创建活动，推动形成绿色低碳生活方式和消费方式。推进塑料污染全链条治理。积极采用绿色先进技术，推动国家物流枢纽承载城市建设，实现"绿色物流"目标。加强快递包装绿色治理，提高绿色包装材料应用比例，推广"无废驿站"建设。

二、突出循环利用，提升综合利用能力

1. 推动固废循环利用

推进资源循环利用基地建设，促进固废资源利用规模化和产业化发展。进一步拓宽炉渣等大宗固废综合利用渠道。开展碳排放核算，探索减废降碳协同研究。实施危险废物综合利用攻坚行动，拓宽工业危险废物利用渠道，探索废盐等"点对点"利用，率先实现工业危险废物"趋零填埋"目标。完善废旧家电、车用动力电池、报废机动车等产品类废物回收利用体系。

2. 提升建筑垃圾和生活垃圾资源化利用水平

对建筑垃圾实施分类运输、分类处理，促进回收及资源化利用。鼓励建筑垃圾再生制品应用，推动建筑垃圾在土方平衡、回填等领域得到广泛利用。深入推进生活垃圾分类，完善垃圾分类现代化治理体系，推动城乡环卫一体化发展。提升厨余垃圾资源化利用能力，打通堆肥、沼液、沼渣等产品应用渠道。

3. 提升农业废弃物资源化利用水平

全面推进农作物秸秆多途径利用，形成长效利用机制。推广集中式畜禽粪污处理模式，鼓励和引导增施有机肥。健全废旧农膜、化肥与农药包装等农业废弃物利用体系，推动农业废弃物收储中心建设。

三、突出规范全面，提升收集运输能力

1. 健全危险废物收运体系

推动小微产废单位危险废物收运平台提质扩面，覆盖范围向实验室、汽修行业等延伸。完善"小箱进大箱"医疗废物收运体系，推行分级转运，建立健全与疫情响应级别相适应的涉疫固废应急收运机制。

2. 健全农业废弃物、动物医疗废物收运体系

健全政府引导、企业主体、农户参与的农业废弃物收集体系，构建动物医疗废物统一收运体系。

3. 加强收运平台建设

统筹规划工业固废收运平台、生活垃圾分拣中心和废旧物品交投网点建设。实现统一收运体系的逐渐覆盖，探索推动一般工业固废、生活垃圾和再生资源收运网络"三网融合"的途径。

四、突出安全无害，提升综合处置能力

1. 推进处置基础设施建设

聚焦固废处置薄弱环节，布局建设一批工业固废、危险废物和生活垃圾处置设施，推进垃圾焚烧项目建设。统筹危险废物、生活垃圾等处置资源，健全"平战"快速转换机制，提升涉疫固废应急处置能力。

2. 推进处置设施提档升级

整合淘汰升级一批危险废物利用处置落后设施，鼓励危险废物利用处置龙头企业提档升级、做大做强。推进生活垃圾焚烧设施提标改造，不断提升生活垃圾焚烧设施无害化评定等级。

3. 推进固废堆场治理

有序推进生活垃圾填埋场综合治理和生态修复行动。开展历史存量建筑垃圾治理，对堆放量较大、较集中的堆放点，经治理评估达到安全稳定要求的进行生态修复。建立健全工业固废、生活垃圾等非正规倾倒点、填埋场长效监管机制，开展动态排查与分类整治。

五、突出数字赋能，提升监管智慧能力

1. 推进数字监管平台升级

迭代升级"无废卫士"应用场景，实现省、市、县联动、各部门协同。制定"危废智治"全流程规范化管理新标准，全面推广应用新型二维码技术。逐步建成生活垃圾、建筑垃圾全生命周期数字化监管体系。加强"肥药两制"改革数字化管理系统应用，实现农业投入品全方位智慧监管。

2. 推进执法监管能力提升

建立健全部门联防联控机制，强化信息共享、监管协作和联动执法，完善建筑垃圾跨市域协同处置机制。健全季度问题曝光机制，提高主动发现问题能力，严厉打击涉固废环境违法犯罪行为，实施生态环境损害赔偿制度。健全环保信用评价体系，推动工业固废重点产生单位和利用处置单位纳入环保信用评价管理。督促和指导企业全面落实固废排污许可事项和管理要求。

六、突出常态长效，健全完善保障体系

1. 完善制度体系

进一步优化调整全域"无废城市"建设专班成员单位，完善工作机制，形成工作合力。聚焦降碳减污，健全五大类固废管理制度，探索制定低价值可回收物回收利用专项扶持政策，加快制定建筑垃圾管理地方性法规，推进塑料污染治理立法。加强固废分级分类管理、生产者责任延伸、再生资源绿色采购等制度创新。

2. 完善技术体系

加强固废源头减量、资源化利用和无害化处置科技投入、技术推广、模式创

新，支持工业飞灰、废盐等固废资源化关键性技术研发。探索实施废气、废水、固废一体化协同治理方案。

3. 完善市场体系

鼓励各类市场主体参与"无废城市"建设，完善多元化投入渠道。落实固废资源化利用和无害化处置税收、价格政策，探索建立生活垃圾处理差异化收费制度，建立危险废物、医疗废物处置价格动态调整机制，探索建立秸秆、建筑垃圾等资源利用市场化机制。按政策规定做好固废综合利用和科技研发创新支持，做好资源综合利用产品政府采购工作。深化政银合作，鼓励金融机构加大全域"无废城市"建设的金融支持力度。在危险废物经营单位全面推行环境污染责任保险制度。

七、打造"无废文化"，营造共建共享氛围

1. 打造"无废赛事"

制定实施"无废赛事"专项方案和"无废赛事"建设指南，推动各类固废能减尽减，办会物资可用尽用，涉疫生活垃圾和医疗废物无害化处置率达100%。探索制定"无废赛事"实施指南，为各类大型赛事提供借鉴经验。

2. 推进"无废细胞"提质扩面

探索城市"无废细胞"标准体系和创建激励机制，广泛开展"无废细胞"创建。推进"无废学校""无废饭店"建设，上线"无废地图"，打造"无废"风尚路线。

3. 强化宣传引导

加强主流媒体与新媒体的融合互动，强化部门联动和上下协同，形成立体宣传体系。传播"无废"理念，培育"无废文化"，并纳入有关教育培训体系，推动形成简约适度、绿色低碳、文明健康的生活方式和消费模式。

第七节　发展城市绿色旅游

发展城市绿色旅游，可以提升城市的经济活力，保护生态环境，改善公共基础

设施，增强市民和游客的生活体验，创造更加健康、和谐、美好的城市生活，打造更好的生态宜居城市。①

一、推进旅游融合发展，创新产品供给

1. 推动旅游与城镇化、工业化和商贸业融合发展

建设旅游小镇、风情县城以及城市绿道、慢行系统，支持旅游综合体、主题功能区、中央游憩区等建设。依托风景名胜区、历史文化名城名镇名村、特色景观旅游名镇，探索全域旅游发展模式。利用工业园区、工业展示区、工业历史遗迹等开展工业旅游，发展旅游用品、户外休闲用品和旅游装备制造业。积极发展商务会展旅游，完善城市商业区旅游服务功能，开发具有自主知识产权和鲜明地方特色的时尚性、实用性、便携性旅游商品，增加旅游购物收入。

2. 推动旅游与交通、环保、国土、海洋、气象融合发展

加快建设自驾车房车旅游营地，推广精品自驾游线路，打造旅游风景道和铁路遗产、大型交通工程等特色交通旅游产品，积极发展邮轮游艇旅游、低空旅游。开发建设生态旅游区、天然氧吧、地质公园、矿山公园、气象公园以及山地旅游、海洋海岛旅游等产品，大力开发避暑避寒旅游产品，推动建设一批避暑避寒度假目的地。

3. 推动旅游与科技、教育、文化、卫生、体育融合发展

充分利用科技工程、科普场馆、科研设施等发展科技旅游。以弘扬社会主义核心价值观为主线开展红色旅游，积极开发爱国主义和革命传统教育、国情教育等研学旅游产品。科学利用文物遗迹及博物馆、纪念馆、美术馆、艺术馆、世界文化遗产、非物质文化遗产展示馆等文化场所开展文化、文物旅游，推动剧场、演艺、游乐、动漫等产业与旅游业融合开展文化体验旅游。加快开发高端医疗、中医药特色、康复疗养、休闲养生等健康旅游项目。大力发展冰雪运动、山地户外运动、水上运动、汽车摩托车运动、航空运动、健身气功养生等体育旅游，将城市大型商

---

① 参见：国务院办公厅关于促进全域旅游发展的指导意见[EB/OL]．（2018-03-22）[2025-01-26]. https://www.gov.cn/zhengce/zhengceku/2018-03/22/content_5276447.htm.

美丽城市建设

场、有条件景区、开发区闲置空间、体育场馆、运动休闲特色小镇打造成体育旅游综合体。

4. 提升旅游产品品质

深入挖掘历史文化、地域特色文化、民族民俗文化、传统文化等，实施中国传统工艺振兴计划，提升传统工艺产品品质和旅游产品文化含量。积极利用新能源、新材料和新科技装备，提高旅游产品科技含量。推广资源循环利用、生态修复、无害化处理等生态技术，加强环境综合治理，提高旅游开发生态含量。

5. 培育壮大市场主体

大力推进旅游领域大众创业、万众创新，开展旅游创客行动，建设旅游创客示范基地，加强政策引导和专业培训，促进旅游领域创业和就业。鼓励各类市场主体通过资源整合、改革重组、收购兼并、线上线下融合等投资旅游业，促进旅游投资主体多元化。培育和引进有竞争力的旅游骨干企业和大型旅游集团，促进规模化、品牌化、网络化经营发展。落实中小旅游企业扶持政策，引导其向专业、精品、特色、创新方向发展，形成以旅游骨干企业为龙头、大中小旅游企业协调发展的格局。

二、加强旅游服务，提升满意指数

1. 以标准化提升服务品质

完善服务标准，加强涉旅行业从业人员培训，规范服务礼仪与服务流程，增强服务意识与服务能力，塑造规范专业、热情主动的旅游服务形象。

2. 以品牌化提高满意度

按照个性化需求，实施旅游服务质量标杆引领计划和服务承诺制度，建立优质旅游服务商名录，推出优质旅游服务品牌，开展以游客评价为主的旅游目的地评价，不断提高游客满意度。

3. 推进服务智能化

涉旅场所实现免费Wi-Fi、通信信号、视频监控全覆盖，主要旅游消费场所实现在线预订、网上支付，主要旅游区实现智能导游、电子讲解、实时信息推送，开发建设咨询、导览、导游、导购、导航和分享评价等智能化旅游服务系统。

4. 推行旅游志愿服务

建立旅游志愿服务工作站，制定管理激励制度，开展志愿服务公益行动，提供文明引导、游览讲解、信息咨询和应急救援等服务，打造旅游志愿服务品牌。

5. 提升导游服务质量

加强导游队伍建设和权益保护，指导督促用人单位依法与导游签订劳动合同，落实导游薪酬和社会保险制度，明确用人单位与导游的权利义务，构建和谐稳定的劳动关系，为持续提升导游服务质量奠定坚实基础。全面开展导游培训，组织导游服务技能竞赛，建设导游服务网络平台，切实提高导游服务水平。

三、加强基础配套，提升公共服务

1. 扎实推进"厕所革命"

加强规划引导、科学布局和配套设施建设，提高城乡公厕管理维护水平。加大对"厕所革命"的支持力度，加强厕所技术攻关和科技支撑，全面开展文明用厕宣传教育。在重要旅游活动场所设置第三卫生间，做到主要旅游景区、旅游线路以及客运列车、车站等场所厕所数量充足、干净卫生、实用免费、管理有效。

2. 构建畅达便捷交通网络

完善综合交通运输体系，加快新建或改建支线机场和通用机场，优化旅游旺季以及通往重点客源地与目的地的航班配置。改善公路通达条件，提高旅游景区可进入性，推进干线公路与重要景区连接，强化旅游客运、城市公交对旅游景区、景点的服务保障，推进城市绿道、骑行专线、登山步道、慢行系统、交通驿站等旅游休闲设施建设，打造具有通达、游憩、体验、运动、健身、文化、教育等复合功能的主题旅游线路。鼓励在国省干线公路和通景区公路沿线增设观景台、自驾车房车营地和公路服务区等设施，推动高速公路服务区向集交通、旅游、生态等服务于一体的复合型服务场所转型升级。

3. 完善服务体系

继续建设提升景区服务中心，加快建设全域旅游集散中心，在商业街区、交

美丽城市建设

通枢纽、景点景区等游客集聚区设立旅游咨询服务中心，有效提供景区、线路、交通、气象、海洋、安全、医疗急救等信息与服务。

建立位置科学、布局合理、指向清晰的旅游引导标识体系，重点涉旅场所规范使用符合国家标准的公共信息图形符号标识。

四、加强环境保护，推进共建共享

1. 加强资源环境保护

强化对自然生态、历史文化、民族文化等资源的保护，依法保护名胜名城的真实性和完整性，严格规划建设管控，保持传统街区原有肌理，延续传统空间格局，注重文化挖掘和传承，构筑具有地域特征、民族特色的城市建筑风貌。倡导绿色旅游消费，实施旅游能效提升计划，降低资源消耗，推广使用节水节能产品和技术，推进节水节能型景区、酒店和旅游景区建设。

2. 推进全域环境整治

积极开展主要旅游线路沿线风貌集中整治，在路边、水边、山边等开展净化、绿化、美化行动，在重点旅游村镇实行改厨、改厕、改客房、整理院落和垃圾污水无害化、生态化处理，全面改善旅游环境。

3. 强化旅游安全保障

组织开展旅游风险评估，加强旅游安全制度建设，按照职责分工强化各有关部门安全监管责任。强化安全警示、宣传、引导，完善各项应急预案，定期组织开展应急培训和应急演练，建立政府救助与商业救援相结合的旅游救援体系。加强景点景区最大承载量警示、重点时段游客量调控和应急管理工作，提高景区灾害风险管理能力，强化对客运索道、大型游乐设施、玻璃栈道等设施设备和旅游客运、旅游道路、旅游节庆活动等重点领域及环节的监管，落实旅行社、饭店、景区安全规范。完善旅游保险产品，扩大旅游保险覆盖面，提高保险理赔服务水平。

4. 营造良好社会环境

树立"处处都是旅游环境，人人都是旅游形象"的理念，面向目的地居民开展旅游知识宣传教育，强化居民旅游参与意识、形象意识和责任意识。加强旅游惠民便民服务，推动博物馆、纪念馆、全国爱国主义教育示范基地、美术馆、公共图书馆、文化馆、科技馆等免费开放。加强对老年人、残疾人等特殊群体的旅游服务。

第八节　发展城市生态文化

文化赋予了城市独特的魅力和认同感，依托城市文化底蕴研发推广生态环境文化产品，打造城市生态文化品牌，对城市发展有重要作用。推进生态文化资源挖掘、保护传承、传播交流、创新发展，才能建设生态宜居城市。[①]

一、推进生态文明宣传教育

1. 大力繁荣生态文化创作

结合生态保护、生态修复、公园建设、绿色富民等重点工作，打造以园林绿化为主题的文化节、音乐会、文化论坛等生态文化活动。组织具有影响力的文化名人和生态文化热爱者深入园林绿化工作一线，开展文艺采风，创作散文、诗歌等精品文艺作品。评选出生态文化大小使者，主要包括面向青少年招募的小使者以及面向热爱生态文化的作家、摄影家、网红大咖和演艺工作者。面向文化名人、生态文化使者征集生态文化作品。通过网络文学、网络音乐、网剧、动漫、短视频、微电影等形式创新生态文化传播的现代艺术途径，全面展示生态文化建设的优秀成果。

2. 挖掘园林绿化史志资源

准确掌握园林绿化发展的历史脉络，努力使史志典籍成为社会各界了解园林绿化发展的"活字典"；充分发挥园林绿化行业史志典籍存史育人的独特功能，让史志典籍成为生态文化建设的助推器。

3. 构建全媒体传播途径

把握传播新形势、适应传播新格局，开展多层次的立体宣传。加大内宣和外宣

---

① 参见：北京市园林绿化局关于印发《北京市园林绿化局关于推进生态文化建设的实施意见》的通知[EB/OL]. （2023-09-01）[2025-01-26]. https://yllhj.beijing.gov.cn/zwgk/2024nzcwj/2024nqtwj/202406/t20240627_3730897.shtml.

力度，以全媒体为载体对先进人物和先进事迹进行大力宣传，达到见人见事见精神的目的。探索在新的传播平台上进行内容发布和宣传推广能力建设，深耕细分公众群体需求，推出生态文化宣传产品。

4. 推进全民生态文化教育

与教育部门和自然教育机构等加强协作，开发具有系统性、可推广、可复制的自然教育课程。充分利用森林公园、城市公园、郊野公园等市域绿色空间探索建设自然教育试点基地。鼓励有条件的单位面向公众开放实验室、博物馆、标本馆、展示厅等活动场所。整合高等院校、科研院所、教育机构、文化企业等力量，丰富自然教育教学实践实训形式，融合夏令营、亲子游、拓展训练等户外活动开发自然教育课程。

5. 开展绿色共建共享行动

调动全社会力量参与花园城市建设，通过多种形式开展为民办实事工作，鼓励公众参与义务植树、文明游园宣传引导、自然友好型徒步、保护野生动植物资源、有害生物防控、护林防火以及城乡绿化美化建设等生态公益事业。积极引导公众深入践行"双碳"理念，将绿色环保低碳的观念融入生产、生活全过程，推动生态文明理念进单位、进社区、进家庭，形成新的融合，建立全民参与的共建、共治、共享大格局。

二、挖掘生态文化资源，夯实生态文化基础

1. 全力推动生态文化建设

强化重点区域周边景观环境品质，加强古树保护，恢复历史园林景观，传承提升历史园林文化。整理蕴藏在典籍史志、民族风情、文学艺术、建筑古迹、方物特产等中的生态文化遗产，使其成为发展繁荣生态文化的深厚基础。根据各自特色，借助艺术创作、短视频制作、文创产品及数字礼物等，通过全融媒矩阵、展览展示等形式打造并推出各具特色、市民喜爱的生态文化沉浸体验样板，形成特色生态文化地标。

2. 大力挖掘城市特色生态文化资源

在现有非物质文化遗产的基础上，全面挖掘梳理城市园林绿化行业中的非物质

文化遗产资源。深入挖掘古树文化，建设古树名木主题公园等。营造融合生产、展示、示范、科普为一体的园林绿化产业消费新场景。全力打造底蕴深厚的生态文化园，切实展示节气、物候等生态文化魅力，突出生态文化亮点，满足市民对生态文化产品的新期待、新需求。

三、加强生态文化基地建设，丰富生态文化载体

1. 加强重点区域生态修复和景观提升

持续提升城市整体景观风貌，完善绿隔地区城市公园与郊野公园服务设施，注重融入本土历史文化元素，彰显历史底蕴和文化内涵，为城市增添更多人文气息，打造市民亲近自然的乐园。增强内河沿岸生态文化景观服务功能，构建滨水绿道系统，提升滨水空间可达性、趣味性。提升城市副中心景观服务品质。

2. 加强生态文化基础设施建设

鼓励重点公园和自然保护地改造，新建与自然环境和谐统一、融入本地特色生态文化元素的宣教中心、自然体验教育中心、生态文化展览展示等场馆设施及室外展示设施，打造一批在场地、设施、人员等方面具有鲜明特色的精品生态文化基地。进一步推动各类生态开放空间、城市绿道和森林步道的自然体验、文体娱乐、游憩服务等配套服务设施建设。

3. 推进生态文化智慧化建设

在重点公园、自然保护地、城市绿道和森林步道等地域，建设具有生态文化形象标识、园林绿化科普知识和导向标识的解说系统。融入生态文化特色和公园自身特色，加强各类生态文化基地标识牌、宣传栏、互动科普等解说设施建设，高标准建设生态文化标识系统。

4. 打造生态文化精品基地

在城市历史名园、自然保护地、林场和行业基地中挑选出一部分适合宣传和弘扬生态文化的基地，并对其进行改造升级，以特色园林资源为依托，充分展示基地所具备的特色生态文化，探索建立生态文化基地标杆。

四、发展生态文化产业，促进生态文化繁荣

1. 探索生态文化产业新模式

将生态的理念融入产业发展之中，因地制宜选准生态产业化发展方向，探索将生态与旅游、民宿、教育、健康等产业相结合的新模式，大力发展花文化产业、果文化产业、木文化产业、竹文化产业等，切实将生态优势转变为经济优势。

2. 打造生态文化产业新形态

充分利用现有生态资源，将生态文化与教育、健康等相融合，逐步培育观鸟经济、自然教育、森林疗养、森林游憩、精品宿营地等生态文化产业新业态、新形态。打造自然教育片区，建设自然疗养公园、自然休养林示范园、森林疗养示范区，让高质量绿色福祉惠及更多群体。

3. 创造特色文化创意产品

依托生态文化基地，加强顶层设计，提高文创产品开发水平，推出具有生态特色的文化创意产品及多元联动的数字藏品。鼓励公园、园艺驿站、各类基地等系统内单位开设"文创+"样板间，优化空间设计，打造文化消费新场景，研究建立生态产品认证标准体系，探索启动生态产品认证试点示范。通过挖掘、研发、设计、消费等环节，增加生态产品的附加值，丰富产业链条，形成产业体系化建设和试验示范。

4. 持续办好特色产业品牌节庆活动

以打造特色生态文化品牌为主题，开展"自然观察""森林大课堂""零碳森林音乐会""一起向自然"等生态文化活动。持续办好生态文化活动和植树节、湿地日、生物多样性日等纪念节日活动。以苗圃+观光、科普、自然体验等为主题，开展系列活动。

五、提升生态文化软实力，加强生态文化交流

1. 推动科技为生态文化赋能

加快推进生态文化领域科技创新，以科技创新引领生态文化建设。围绕"四

库"功能建设、森林质量提升、种质资源创新利用、碳中和与碳达峰、林下经济、古树健康、生态监测、有害生物绿色生态综合防控示范区、智慧栖息地建设、植物园建设、林草种质资源库和野生植物保育小区、保护点建设、自然教育等高质量发展领域，提升科技攻关与生态文化挖掘能力，完善生态文化创造与发展标准化体系，促进生态文化成果及时有效落地转化应用，充分展现生态文化建设成效。同时，紧密结合科普平台、科普品牌活动、科普人才建设，创新生态文化传播形式，扩大覆盖面与影响力，为生态文化创新发展提供动力。

2. 加强生态文化专业人才培养

结合科普讲解员、自然解说员、森林疗养师、森林向导等专业人才培训，培养业务能力强、专业素质高、工作责任心强的人员。聘请生态文化领域相关专家，以各种形式开展生态文化讲座、培训，提高生态文化从业者专业水平，建立生态文化人才专业队伍，不断提升生态文化建设水平。

3. 积极开展国内外生态文化多元交流

依托高校师资力量，通过举办或参加生态文化论坛、文艺演出、展览展示等活动，交流分享生态文化知识，讲好生态文化故事。借助国际会议平台，以生态文化建设为核心，以线上+线下融合的模式，多角度、多渠道、多平台开展生态文化国际交流活动，举办生态文化交流活动，讲好生态治理故事，与国际友好城市或生态文化领域国际组织合作，开展生态文化合作交流。积极传播中国生态文明理念，促进生态文化多元发展。

第九节 发展生态社区

生态宜居城市建设离不开生态宜居社区的打造。发展生态社区和创建绿色社区，都是为了环境优化和建设美丽中国。生态社区更关注整体生态系统的可持续性，绿色社区更侧重于绿色技术的应用和绿色生活方式的推广。建设生态文明的现代化社区，才能创建生态宜居城市。

美丽城市建设

一、建立健全社区人居环境建设机制

1. 开展绿色家庭和绿色社区创建行动

以广大城乡家庭作为创建对象。努力提升家庭成员生态文明意识，学习资源环境方面的基本国情、科普知识和法规政策。优先购买使用节能电器、节水器具等绿色产品，减少家庭能源资源消耗。主动践行绿色生活方式，节约用电用水，不浪费粮食，减少使用一次性塑料制品，尽量采用公共交通方式出行，实行生活垃圾减量分类。积极参与野生动植物保护、义务植树、环境监督、环保宣传等绿色公益活动，参与"绿色生活·最美家庭""美丽家园"建设等主题活动。

以广大城市社区作为创建对象。建立健全社区人居环境建设和整治制度，促进社区节能节水、绿化环卫、垃圾分类、设施维护等工作有序推进。推进社区基础设施绿色化，完善水、电、气、路等配套基础设施，采用节能照明、节水器具。营造社区宜居环境，优化停车管理，规范管线设置，加强噪声治理，合理布局建设公共绿地，增加公共活动空间和健身设施。提高社区信息化智能化水平，充分利用现有信息平台，整合社区安保、公共设施管理、环境卫生监测等数据信息。培育社区绿色文化，开展绿色生活主题宣传。贯彻共建共治共享理念，发动居民广泛参与社区治理。[1]

2. 建立健全社区人居环境建设和整治机制

绿色社区创建要与加强基层党组织建设、居民自治机制建设、社区服务体系建设有机结合。坚持美好环境与幸福生活共同缔造理念，充分发挥社区党组织领导作用和社区居民委员会主体作用，统筹协调业主委员会、物业管理委员会、社区内的机关和企事业单位等共同参与绿色社区创建。搭建沟通议事平台，利用"互联网+共建共治共享"等线上线下手段，开展多种形式的基层协商，实现决策共谋、发展共建、建设共管、效果共评、成果共享。推动城市管理进社区。结合责任规划师和建筑师负责制工作机制，推进规划师、设计师、工程师进社区，辅导居民谋划社

---

[1] 参见：国家发展改革委关于印发《绿色生活创建行动总体方案》的通知[EB/OL].（2019-11-05）[2025-01-26]. https://www.gov.cn/xinwen/2019-11/05/content_5448936.htm.

区人居环境建设和整治方案，有效参与城镇老旧小区改造、生活垃圾分类、减塑生活、节能节水、环境绿化等工作。①

3. 推进社区基础设施绿色化

结合城市更新和存量住房改造提升，以城镇老旧小区改造、市政基础设施和公共服务设施维护等工作为抓手，积极改造提升社区供水、排水、供电、弱电、道路、供气、消防、生活垃圾分类等基础设施，在改造中采用节能照明、节水器具等绿色产品、材料及可再生能源。综合治理社区道路，消除路面坑洼破损等安全隐患，畅通消防、救护等生命通道。加大既有建筑节能改造力度，提高既有建筑绿色化水平。实施生活垃圾分类，完善分类投放、分类收集、分类运输设施。综合采取"渗滞蓄净用排"等举措推进海绵化改造和建设，结合本地区地形地貌进行竖向设计，逐步减少硬质铺装场地，避免和解决内涝积水问题。②

4. 营造社区宜居环境

因地制宜开展社区人居环境建设和整治。整治小区及周边绿化、照明、道路等环境，推动适老化改造和无障碍环境建设，制定指导意见，聚焦通行无障碍、公共空间适老化、完善适老化公共服务设施、增加居家养老服务有效供给等方面，细化技术措施，加强引导和政策指导。因地制宜提升社区绿化质量，合理布局和建设各类社区绿地，增加荫下公共活动场所、小型运动场地和健身设施。合理配建停车位及充电设施，优化停车管理。进一步规范管线设置，实施架空线规整（入地），加强社区内电梯、水泵、变压器、供热制冷、通风等公用设施噪声治理，在社区室外公共活动空间推广噪声监测显示屏，鼓励有条件的社区建立噪声控制公约，通过居民自治方式，协商解决社区噪声问题，提升社区宜居水平。针对新冠肺炎疫情暴露出的问题，加快社区服务设施建设，补齐在卫生防疫、社区服务等方面的短板，打

---

① 参见：关于印发《北京市绿色社区创建行动实施方案》的通知[EB/OL]．（2021-10-15）[2025-01-26]．https://www.beijing.gov.cn/zhengce/zhengcefagui/202110/t20211015_2513860.html．

② 参见：关于印发《北京市绿色社区创建行动实施方案》的通知[EB/OL]．（2021-10-15）[2025-01-26]．https://www.beijing.gov.cn/zhengce/zhengcefagui/202110/t20211015_2513860.html．

美丽城市建设

通服务群众的"最后1公里"。①

二、打造智能社区

1. 提高社区信息化、智能化水平

推进社区市政基础设施智能化改造和安防系统智能化建设。搭建社区公共服务综合信息平台，集成不同部门的各类业务信息系统。整合社区安保、车辆管理、公共设施管理、生活垃圾排放登记等数据信息。推动门禁管理、停车管理、高空抛物监测、高清视频监控等公共区域监测、公共服务设施监管等领域智能化升级。鼓励物业服务企业大力发展线上线下社区服务。②

2. 发展智慧住区

支持有条件的住区结合完整社区建设，实施公共设施数字化、网络化、智能化改造与管理，提高智慧化安全防范、监测预警和应急处置能力。支持智能信包箱（快件箱）等自助服务终端在住区布局。鼓励对出入住区人员、车辆等进行智能服务和秩序维护。创新智慧物业服务模式，引导支持物业服务企业发展线上线下生活服务。实施城市社区嵌入式服务设施建设工程，提高居民服务便利性、可及性。发展智慧商圈。建立健全数字赋能、多方参与的住区安全治理体系，强化对小区电动自行车集中充电设施、住区消防车通道、安全疏散体系等隐患防治，提升城市住区韧性。③

3. 开展数字家庭建设

以住宅为载体，利用物联网、云计算、大数据、移动通信、人工智能等实现系统平台、家居产品互联互通，加快构建跨终端共享的统一操作系统生态，提升智能

---

① 参见：关于印发《北京市绿色社区创建行动实施方案》的通知[EB/OL].（2021-10-15）[2025-01-26]. https://www.beijing.gov.cn/zhengce/zhengcefagui/202110/t20211015_2513860.html.

② 参见：关于印发《北京市绿色社区创建行动实施方案》的通知[EB/OL].（2021-10-15）[2025-01-26]. https://www.beijing.gov.cn/zhengce/zhengcefagui/202110/t20211015_2513860.html.

③ 参见：中共中央办公厅 国务院办公厅关于推进新型城市基础设施建设打造韧性城市的意见[EB/OL].（2024-12-05）[2025-01-26]. https://www.gov.cn/gongbao/2024/issue_11766/202412/content_6993325.html.

家居设备的适用性、安全性，满足居民用电、用火、用气、用水安全、环境与健康监测等需求。加强智能信息综合布线，加大住宅信息基础设施规划建设投入力度，提升电力和信息网络连接能力，满足数字家庭系统需求。对新建全装修住宅，明确户内设置基本智能产品要求，鼓励预留居家异常行为监控、紧急呼叫、健康管理等智能产品的设置条件。新建住宅依照相关标准同步配建光纤到户和移动通信基础设施。鼓励既有住宅参照新建住宅设置智能产品，对传统家居产品进行电动化、数字化、网络化改造。在数字家庭建设中，要充分尊重居民个人意愿，加强数据安全和个人隐私保护。[1]

三、建立生态文明的社区文化

1. 培育社区绿色文化

建立健全社区宣传教育制度，加强培训，完善宣传场所及设施设置。运用社区论坛和"两微一端"等信息化媒介，定期发布绿色社区创建活动信息，开展绿色生活主题宣传教育，使生态文明理念扎根社区。依托社区内的中小学校和幼儿园，开展"小手拉大手"等生态环保、消防安全知识普及和社会实践活动，带动社区居民积极参与。贯彻共建共治共享理念，编制发布社区绿色生活行为公约，倡导居民选择绿色生活方式，节约资源、减少一次性塑料制品使用，开展绿色消费和绿色出行，居民自主分类习惯养成，形成富有特色的社区绿色文化。加强社区相关文物古迹、历史建筑、古树名木等历史文化保护，展现社区特色，延续历史文脉。[2]

2. 推动和加强生态环境志愿服务

通过支持社会化队伍建设、推进专业化队伍建设，发展壮大生态环境志愿服务队伍；通过制定动态清单、打造品牌项目、推动试点工作，促进生态环境志愿服务供需对接；通过发布场地资源名录、开展合作共建、推进数字化建设，加强生态

---

[1] 参见：中共中央办公厅 国务院办公厅关于推进新型城市基础设施建设打造韧性城市的意见[EB/OL]. （2024-12-05）[2025-01-26]. https://www.gov.cn/gongbao/2024/issue_11766/202412/content_6993325.html.

[2] 参见：关于印发《北京市绿色社区创建行动实施方案》的通知[EB/OL]. （2021-10-15）[2025-01-26]. https://www.beijing.gov.cn/zhengce/zhengcefagui/202110/t20211015_2513860.html.

美丽城市建设

环境志愿服务阵地建设；通过实施分级分类培训、推进培训资源建设、加强沟通交流，提升生态环境志愿服务能力素质；通过统一整体形象、建立激励机制、弘扬志愿文化，营造生态环境志愿服务文化氛围。进一步推动和加强生态环境志愿服务工作，可以为全面推进美丽中国建设提供有力支撑。[1]

四、全面促进消费绿色转型[2]

1. 加快提升食品消费绿色化水平

完善粮食、蔬菜、水果等农产品生产、储存、运输、加工标准，加强节约减损管理，提升加工转化率。大力推广绿色有机食品、农产品。引导消费者树立文明健康的食品消费观念，合理、适度采购、储存、制作食品和点餐、用餐。建立健全餐饮行业相关标准和服务规范，鼓励"种植基地+中央厨房"等新模式发展，督促餐饮企业、餐饮外卖平台落实好反食品浪费的法律法规和要求，推动餐饮行业持续向绿色、健康、安全和规模化、标准化、规范化发展。加强对食品生产经营者反食品浪费情况的监督。推动各类机关、企事业单位、学校等建立健全食堂用餐管理制度，制定实施防止食品浪费的措施。加强接待、会议、培训等活动的用餐管理，杜绝用餐浪费，机关事业单位要带头落实。深入开展"光盘"等粮食节约行动。推进厨余垃圾回收处置和资源化利用。加强食品绿色消费领域科学研究和平台支撑。把节粮减损、文明餐桌等要求融入市民公约、村规民约、行业规范等。

2. 鼓励推行绿色衣着消费

推广应用绿色纤维制备、高效节能印染、废旧纤维循环利用等装备和技术，提高循环再利用化学纤维等绿色纤维使用比例，提供更多符合绿色低碳要求的服装。推动各类机关、企事业单位、学校等更多采购具有绿色低碳相关认证标识的制服、校服。倡导消费者理性消费，按照实际需要合理、适度购买衣物。规范旧衣公益捐

---

[1] 参见：关于印发《"美丽中国，志愿有我"生态环境志愿服务实施方案（2025—2027年）》的通知[EB/OL].（2025-01-14）[2025-01-26]. https://www.mee.gov.cn/xxgk2018/xxgk/xxgk05/202501/t20250114_1100560.html.

[2] 参见：国家发展改革委等部门关于印发《促进绿色消费实施方案》的通知[EB/OL].（2022-01-21）[2025-01-26]. https://www.gov.cn/zhengce/zhengceku/2022-01-21/content_5669785.htm.

赠，鼓励企业和居民通过慈善组织向有需要的困难群众依法捐赠合适的旧衣物。鼓励单位、小区、服装店等合理布局旧衣回收点，强化再利用。支持开展废旧纺织品服装综合利用示范基地建设。

3. 积极推广绿色居住消费

加快发展绿色建造。推动绿色建筑、低碳建筑规模化发展，将节能环保要求纳入老旧小区改造。推进农房节能改造和绿色农房建设。因地制宜推进清洁取暖设施建设改造。全面推广绿色低碳建材，推动建筑材料循环利用，鼓励有条件的地区开展绿色低碳建材下乡活动。大力发展绿色家装。鼓励使用节能灯具、节能环保灶具、节水马桶等节能节水产品。倡导合理控制室内温度、亮度和电器设备使用。持续推进农村地区清洁取暖，提升农村用能电气化水平，加快生物质能、太阳能等可再生能源在农村生活中的应用。

4. 大力发展绿色交通消费

大力推广新能源汽车，逐步取消各地新能源车辆购买限制，推动落实免限行、路权等支持政策，加强充换电、新型储能、加氢等配套基础设施建设，积极推进车船用LNG发展。推动开展新能源汽车换电模式应用试点工作，有序开展燃料电池汽车示范应用。深入开展新能源汽车下乡活动，鼓励汽车企业研发推广适合农村居民出行需要、质优价廉、先进适用的新能源汽车，推动健全农村运维服务体系。合理引导消费者购买轻量化、小型化、低排放乘用车。大力推动公共领域车辆电动化，提高城市公交、出租（含网约车）、环卫、城市物流配送、邮政快递、民航机场以及党政机关公务领域等新能源汽车应用占比。深入开展公交都市建设，打造高效衔接、快捷舒适的公共交通服务体系，进一步提高城市公共汽电车、轨道交通出行占比。鼓励建设行人友好型城市，加强行人步道和自行车专用道等城市慢行系统建设。鼓励共享单车规范发展。

5. 全面促进绿色用品消费

加强绿色低碳产品质量和品牌建设。鼓励引导消费者更换或新购绿色节能家电、环保家具等家居产品。大力推广智能家电，通过优化开关时间、错峰启停，减少非必要耗能、参与电网调峰。推动电商平台和商场、超市等流通企业设立绿色低

美丽城市建设

碳产品销售专区，在大型促销活动中设置绿色低碳产品专场，积极推广绿色低碳产品。鼓励有条件的地区开展节能家电、智能家电下乡行动。大力发展高质量、高技术、高附加值的绿色低碳产品贸易，积极扩大绿色低碳产品进口。推进过度包装治理，推动生产经营者遵守限制商品过度包装的强制性标准，实施减色印刷，逐步实现商品包装绿色化、减量化和循环化。建立健全一次性塑料制品使用、回收情况报告制度，督促指导商品零售场所开办单位、电子商务平台企业、快递企业和外卖企业等落实主体责任。

6. 有序引导文化和旅游领域绿色消费

制定大型活动绿色低碳展演指南，引导优先使用绿色环保型展台、展具和展装，加强绿色照明等节能技术在灯光舞美领域应用，大幅降低活动现场声光电和物品的污染、消耗。完善机场、车站、码头等游客集聚区域与重点景区景点交通转换条件，推进骑行专线、登山步道等建设，鼓励引导游客采取步行、自行车和公共交通等低碳出行方式。将绿色设计、节能管理、绿色服务等理念融入景区运营，降低对资源和环境的消耗，实现景区资源高效、循环利用。促进乡村旅游消费健康发展，严格限制林区耕地湿地等占用和过度开发，保护自然碳汇。制定发布绿色旅游消费公约或指南，加强公益宣传，规范引导景区、旅行社、游客等践行绿色旅游消费。

7. 进一步激发全社会绿色电力消费潜力

落实新增可再生能源和原料用能不纳入能源消费总量控制要求，统筹推动绿色电力交易、绿证交易。引导用户签订绿色电力交易合同，并在中长期交易合同中单列。鼓励行业龙头企业、大型国有企业、跨国公司等消费绿色电力，发挥示范带动作用，推动外向型企业较多、经济承受能力较强的地区逐步提升绿色电力消费比例。加强高耗能企业使用绿色电力的刚性约束，各地可根据实际情况制定高耗能企业电力消费中绿色电力最低占比。各地应组织电网企业定期梳理、公布本地绿色电力时段分布，有序引导用户更多消费绿色电力。在电网保供能力许可的范围内，对消费绿色电力比例较高的用户在实施需求侧管理时优先保障。建立绿色电力交易与可再生能源消纳责任权重挂钩机制，市场化用户通过购买绿色电力或绿证完成可再生能源消纳责任权重。加强与碳排放权交易的衔接，结合全国碳市场相关行业核算报告技术规范的修订完善，研究在排放量核算中将绿色电力相关碳排放量予以扣减的可行性。持续推动智能光伏创新发展，大力推广建筑光伏应用，加快提升居民绿色电力消费占比。

8. 大力推进公共机构消费绿色转型

推动国家机关、事业单位、团体组织等公共机构率先采购使用新能源汽车，新建和既有停车场配备电动汽车充电设施或预留充电设施安装条件。积极推行绿色办公，提高办公设备和资产使用效率，鼓励无纸化办公和双面打印，鼓励使用再生制品。严格执行《党政机关厉行节约反对浪费条例》，确保各类公务活动规范开支，提高视频会议占比，严格公务用车管理。鼓励和推动文明、节俭举办活动。

第五章

安全健康城市

安全健康城市是指在城市规划、治理和发展过程中，综合考虑环境、公共卫生、安全管理和社会福祉等因素，确保城市居民在健康、安全、宜居的环境中生活和工作，其核心目标是降低健康和安全风险，提高居民的生活质量。通过保障饮用水安全、防控环境风险、加强生物安全、建设气候适应型城市和提升居民健康水平，建设美丽城市。

第一节　保障城市饮用水安全

安全的饮用水是市民健康的基本保障，保障城市饮用水安全是建设安全健康城市的基础。建设规范、闭环管理、数字智治、高效安全的饮用水水源地保护体系，持续改善饮用水水源地水质，才能建设安全健康城市。[1]

一、科学划定饮用水水源保护区

1. 制定饮用水水源地名录

根据经济社会发展需要和水资源开发利用现状，加强饮用水水源地规划和建设，建立"一源一备""一源多备"或联网联调的供水安全保障体系。实行饮用水水源地名录管理，具备供水条件的集中式饮用水水源地和备用水源地应依法依规予以确定和公布名录，并根据实际情况动态调整。

---

[1] 参见：浙江省生态环境厅　浙江省水利厅印发《关于进一步加强集中式饮用水水源地保护工作的指导意见》的通知[EB/OL].（2023-09-01）[2025-01-26]. http://sthjt.zj.gov.cn/art/2021/4/23/art_1201918_58927918.html.

2. 实施保护区划定与供水工程"三同时"

在新建县级以上供水工程时，应统筹考虑饮用水水源保护区划定、整治等，在确保水量、水质的同时，应将饮用水水源保护区划定等工作，与供水工程同时踏勘、同时规划、同时论证。

3. 深化饮用水水源保护区制度

建立饮用水水源保护专家委员会。依法、科学划定饮用水水源保护区，并按相关规定纳入生态保护红线。饮用水水源保护区划分方案应按照国土空间总体规划、"三线一单"统筹进行考虑。根据水源地保护或供水格局调整的实际需要确需调整的，按程序报原批准机关调整。备用饮用水水源地应当根据实际情况，按照饮用水水源保护区的有关规定划定保护区并实施管理。

4. 规范保护区划定程序

划定区依法提出划定方案，并实施专家论证、行政审查、公众参与等程序后，逐级上报省政府审批；倡导将饮用水水源保护区划定工作纳入地方重大行政决策管理。专家论证应由提出划定方案的人民政府组织生态环境、水行政、自然资源、交通运输等相关部门和有关专家对方案进行论证，并形成论证意见；行政审查应由上级人民政府组织生态环境、水行政、自然资源、交通运输等相关部门开展；公众参与由提出划定方案的人民政府将方案在涉及区域内进行公示，征求公众意见。

二、依法依规推进保护区规范化建设

1. 规范设立保护区标志

全面开展饮用水水源保护区勘界立标。县级以上饮用水水源地按照《饮用水水源保护区标志技术要求》设置保护区标志，强化饮用水水源一级保护区物理隔离措施或生物隔离工程，推广设置电子界桩。"千吨万人"及其他乡镇级饮用水水源地参照《饮用水水源保护区标志技术要求》设置保护区标志，一级保护区周边人类活动频繁的区域，可因地制宜合理利用灌木、乔木等自然植被进行生物隔离，必要时可采用围栏等物理隔离措施。各地应在饮用水水源保护区批复后半年内完成标志的设置。

美丽城市建设

2. 依法推进保护区综合整治

各级政府要组织制定本地区集中式饮用水水源保护区综合整治实施方案，按照法律法规要求，及时妥善处置保护区内存在的环境问题。在饮用水水源一级保护区内，已经建成的与供水设施和保护水源无关的建设项目，由县级以上人民政府依法责令限期拆除或者关闭。在饮用水水源二级保护区内，已建成的排放污染物的建设项目，由县级以上人民政府依法责令限期拆除或者关闭。饮用水水源准保护区内应当逐步减少污染物的排放量，保证保护区内水质达到规定的标准。建立闭环管理机制。

3. 积极防范水源地环境风险

县级以上地方人民政府应当组织相关部门对饮用水水源保护区、地下水型饮用水源的补给区及供水单位周边区域的环境状况和污染风险进行调查评估，筛查可能存在的污染风险因素，建立风险源名录。以县级行政区域或水源地为基本单元，编制饮用水水源突发环境事件应急预案；有多个水源地的，要为每一个水源地单独编制一个符合各自特点和特定突发环境事件情景的应急响应专章，并做好应急预案的发布实施。落实突发环境风险事故防控体系建设。

三、健全完善饮用水水源地监管体系

1. 构建多尺度监测体系

县级以上饮用水水源地应全面开展水质常规监测、全指标分析和在线监测。"千吨万人"和其他乡镇饮用水水源全面开展水质常规监测。对存在风险隐患的饮用水水源地，要加密水质及污染特征因子监测频次，及时掌握水质变化状况，同时要加强应急监测能力建设。

2. 建立"双驱动"监督体系

将饮用水水源保护纳入省级环保督察、执法检查专项行动重点对象，建立督察、执法"双驱动"的监督机制。定期开展饮用水水源地执法检查专项行动，强化地方政府的主体责任。饮用水水源地生态环境保护相关职责部门，要切实依法履职，定期开展饮用水水源地执法检查，严肃查处检查中发现或公众举报的饮用水水源地生态环境保护违法行为。对造成饮用水水源地生态系统和资源环境损害的有关责任单位和责任人员,按照有关法律法规严肃追究责任,落实生态环境损害赔偿制度,并纳入公益诉讼范围。

3. 打造数字智治体系

充分运用遥感卫星、无人机、天眼监控、无人船等新技术新设备,构建"天地一体化"监控体系。整合数据资源,集成监控数据、地理空间信息、饮用水水源地基础信息和监测预警预报数据等内容,形成省、市两级饮用水水源保护区数字化智管系统并纳入环境协同管理平台,与环评审批、环境监管、执法实行联动,杜绝新的环境违法问题。

四、稳步提升饮用水水源地水质

1. 实施水质提升行动

对不达标水源地开展全面排查,制定"一源一策",明确问题清单、措施清单和责任清单,分年度推进整改。加快完成不达标水源地上游及周边乡镇(街道)"污水零直排区"建设,强化集雨区范围内退耕还林、农药化肥减量增效等综合性措施。监督检查船舶防污染设施配备与运行情况,杜绝船舶污染事故。

2. 推进生态缓冲带建设

探索开展县级以上水源地全有机物指标分析,对重点饮用水水源地分年度开展生态缓冲带建设,有效拦截初期雨水、面源污染,逐年改善提升城乡水源地水质。实现县级以上饮用水水源地水质稳定达标、"千吨万人"饮用水水源地水质达标率稳步提升。

五、创新完善饮用水水源保护机制

1. 落实地方政府主体责任

地方各级党委和政府要增强"四个意识",严格落实生态环境保护党政同责、一岗双责,担负起饮用水水源地保护的主体责任,将饮用水水源地保护纳入地方经济社会发展规划。结合河湖长制实施,落实水源地河湖长的相关责任,协同有关部

美丽城市建设

门承担生态保护、社会参与和科研宣教等职责，推动各项工作落实。

2. 健全保护激励和约束机制

加强顶层设计，倡导建立饮用水水源地生态补偿制度，扩大生态补偿覆盖范围，提高补偿标准，探索建立跨地区、跨流域的多元化补偿机制。规范水源地保护专项资金使用。建立定期评估制度，完善考核机制，将饮用水水源保护纳入"美丽中国"建设目标责任制考核和党政领导干部综合考核范围。

六、强化培训宣传

1. 加强技术培训

积极引进饮用水水源管理和保护急需的管理和技术人才，建设高素质专业化队伍。积极开展法律法规政策、岗位业务等培训，提升饮用水水源地管理人员能力水平。

2. 强化宣传教育

切实加强饮用水安全、水源保护等相关知识和工作的宣传力度，增强公民水源地保护意识。逐步搭建公众参与平台，依法公布水源地水质状况，强化社会监督，提高全民行动自觉，切实提升饮水安全保障水平。

第二节 防控危险废物环境风险

防控危险废物带来的环境风险，是建设安全健康城市的重要内容。以严密防控危险废物环境风险为目标，以推进全过程信息化环境监管和严格管控填埋处置量占比为抓手，提升危险废物环境监管效能，优化利用处置方式，守牢危险废物生态环境安全底线。[1]

---

[1] 参见：关于进一步加强危险废物环境治理 严密防控环境风险的指导意见[EB/OL].（2025-02-11）[2025-02-11]. https://www.mee.gov.cn/xxgk2018/xxgk/xxgk03/202502/t20250211_1102036.html.

一、提升危险废物收集处置保障能力

1. 进一步提升危险废物规范收集转运效率

促进收集便利化　持有危险废物收集利用处置许可证的单位应提供规范有序的危险废物收集转运服务。深化小微企业危险废物收集试点，推行"网格化"收集模式，明确试点单位收集的危险废物种类、服务对象和服务地域范围，推动小微企业危险废物应收尽收。鼓励有条件的收集单位为小微企业"反向"填写危险废物电子转移联单，并为其提供规范的环境管理和信息化服务。

推动转移快捷化　危险废物转移遵循就近原则，不鼓励大规模、长距离转运处置危险废物。深化废铅蓄电池跨省转移按照省内转移管理试点，适时研究扩大纳入试点的危险废物种类。鼓励开展区域合作的省份简化危险废物跨省转移审批程序，提高危险废物转移效率。

2. 不断健全危险废物集中处置保障体系

动态健全集中处置保障体系　配合健全完善"省域内能力总体匹配、省域间协同合作、特殊类别全国统筹"的危险废物集中处置体系，保障危险废物集中处置能力基本盘。积极参与省级生态环境部门每年开展行政区域内危险废物产生量与利用处置能力匹配情况评估，参与省级人民政府依法编制危险废物集中处置设施建设规划，统筹规划建设行政区域内危险废物集中处置设施。

促进区域处置设施共建共享　京津冀、长三角、川渝等重点区域深化合作机制，推进危险废物集中处置设施协同规划、共建共享。推动区域性特殊类别危险废物集中处置中心建设运行，着力提升特殊类别危险废物的利用处置能力。

3. 持续优化医疗废物收集处置模式

完善收集处置体系和处置方式　推动建立市域医疗废物集中处置能力有保障，偏远地区集中处置与就地处置相结合，动态完善"平急两用"处置能力作为备用的医疗废物收集处置体系。继续推行医疗废物集中无害化处置。支持新建或经改造符合标准要求的危险废物焚烧、生活垃圾焚烧等设施应急协同处置医疗废物。督促医疗卫生机构和医疗废物集中处置单位严格执行危险废物转移联单等制度。

美丽城市建设

优化偏远地区收集处置方式 偏远地区应建立符合基层实际的医疗废物收集转运长效机制，可依托较大的医疗卫生机构设立小型医疗卫生机构医疗废物集中收集转运点，推广"小箱进大箱"收集模式。不具备集中收集处置条件的偏远地区，医疗卫生机构可配套自建符合要求的医疗废物处置设施。鼓励采用移动式处理处置设施或设备，为偏远地区提供医疗废物就地处置服务。

二、优化危险废物利用处置方式

1. 优化危险废物利用处置结构

强化政策引导 处理好政府和市场的关系，定期发布本地区危险废物利用处置设施建设引导性公告，促进经营主体提升危险废物利用处置能力建设配置效率。严格执行危险废物利用处置许可证分级审批制度，强化省级管理职责，统筹引导本地区利用处置能力结构优化调整。加快推进历史遗留危险废物规范利用处置，严格管控堆存过程中的环境风险。

促进再生利用 推广危险废物利用先进技术，推动健全危险废物循环利用体系。深化"无废集团""无废园区"建设试点，引导有条件的大型企业集团和工业园区内部共享危险废物利用处置设施，推动危险废物"点对点"定向利用，简化手续，减轻负担。支持建设重点区域废活性炭再生中心，促进治理大气污染的废活性炭循环利用，降低治理成本。

完善处置结构 新建危险废物单套集中焚烧处置设施，处置能力原则上应大于3万吨/年。引导水泥窑协同处置危险废物设施更好发挥作为危险废物利用处置能力有益补充的作用，重点处理贮存和填埋量大、类别单一的危险废物。

2. 提升危险废物利用处置水平

提升设施建设和运行水平 推进危险废物利用处置设施提标改造，提升现有设施运行管理水平。鼓励开展危险废物利用处置集团化建设和专业化运营，建设集物化、焚烧和填埋处置以及再生利用等于一体的技术先进、功能齐全的综合性危险废物利用处置设施。规范危险废物包装，强化危险废物贮存、利用处置过程中挥发性有机物等污染物收集处理。

打造高水平利用处置企业　依托区域性、特殊类别危险废物集中处置中心等有条件的企业，打造一批国际一流的危险废物利用处置企业。开展危险废物利用处置技术攻关和示范应用。鼓励将危险废物转移至高水平企业利用处置。

3. 管控危险废物填埋处置

逐步降低填埋处置量　强化危险废物填埋处置环境监管，逐步限制通过利用、焚烧等处理方式可减量的危险废物直接填埋。结合实际推动逐步减少生活垃圾焚烧飞灰进入生活垃圾填埋场的填埋量，有条件的地区率先实现生活垃圾焚烧飞灰零填埋。严格落实危险废物集中处置设施、场所退役费用预提制度。危险废物填埋处置能力不足的地区新建危险废物刚性填埋设施。

降低填埋处置量占比　大力推动危险废物填埋处置量占比（每年危险废物填埋处置量占产生总量和贮存消减量之和的比值）稳中有降，促进危险废物源头减量和资源化利用。优化废水废气等源头治理、系统治理，减少难处理、属于危险废物的废盐产生。鼓励生活垃圾焚烧飞灰、金精矿氰化尾渣、废盐等低价值危险废物无害化预处理后综合利用，防止长期大量堆存。

三、健全危险废物环境管理体系

1. 深化危险废物规范化环境管理

严格落实企业主体责任　产生、收集、贮存、运输、利用、处置危险废物的单位承担危险废物污染防治的主体责任，要严格落实危险废物污染环境防治相关法律制度和标准等要求，采取有效措施，减少危险废物的产生量、促进再生利用、降低危害性，提升危险废物规范化环境管理水平。

排查整治环境风险隐患　坚持预防为主，深入开展危险废物规范化环境管理评估，建立危险废物环境风险防控长效机制。加强危险废物产生单位自行利用处置危险废物环境风险隐患排查整治，提升自行利用处置设施环境管理水平。强化对危险废物环境风险隐患排查治理的指导帮扶，推动依法淘汰经改造仍不能稳定运行、达标排放的危险废物利用处置设施。推进危险废物焚烧炉技术性能测试，将单台焚烧炉处置能力小于1万吨/年的设施纳入监督性监测重点。开展危险废物填埋处置设

美丽城市建设

施环境风险调查评估,强化环境风险排查治理。

健全环境风险防控机制 在国家和省级危险废物鉴别专家委员会机制建立健全下,完善危险废物鉴别管理制度,强化危险废物环境危害识别与环境风险评估。对存在鉴别报告弄虚作假等问题的危险废物鉴别单位,依法建立不良行为记录并实施惩戒。危险废物相关单位依法依规投保环境污染责任保险。严禁违反国家有关法规和标准要求,将危险废物用于危害环境安全与人体健康的生产生活。健全极端天气、地震等自然灾害时期危险废物环境风险防控措施,强化突发环境事件应急准备,及时妥善科学处置突发环境事件。

2. 强化危险废物信息化环境管理

强化全过程管控 加快建设运用全国危险废物全过程环境管理信息系统,实现危险废物产生情况在线申报、管理计划在线备案、转移联单在线运行、利用处置情况在线报告和全过程实时动态信息化追溯。有条件的地方开展危险废物收集、运输、利用、处置网上交易和第三方支付试点,探索废物流、资金流、信息流"三流合一",加强对危险废物流向的跟踪管控。

强化实时动态监控 运用物联网、区块链等新技术,紧盯产生、转移、利用处置等三个环节,运用统一的电子标签标志、二维码、电子转移联单编号、电子危险废物经营许可证号等三个编码。推进危险废物产生单位"五即"规范化建设,推行危险废物即产生、即包装、即称重、即打码、即入库,强化危险废物从产生到处置的二维码全过程跟踪信息化管理,长三角区域相关省份和有条件的省份率先实现。强化危险废物电子转移联单运行和转移轨迹记录。有序开展危险废物焚烧和水泥窑协同处置设施"装树联"。推广智慧填埋技术,实现危险废物填埋全过程追溯定位和渗漏风险实时监测预警。

强化数据协同治理 推进危险废物基础数据治理,推动危险废物环境管理与环评审批、排污许可、生态环境统计、执法检查、信访举报等业务数据共享,建立利用大数据手段发现危险废物违法线索机制,提升精准发现危险废物违法线索的能力。危险废物申报数据应尽快全面应用于生态环境统计。

3. 促进危险废物精细化环境管理

推进分级分类管理 构建危险废物环境风险防控"底图",突出环境风险防控的重点区域和重点行业领域,分区域、差异化、精准管控危险废物环境风险。每年及时建立更新危险废物环境重点监管单位、简化管理单位和登记管理单位清单。规范危险废物豁免管理,严格按照《国家危险废物名录》对指定废物在规定环节实行有条件豁免。

深化制度改革创新 强化环境影响评价与危险废物经营许可制度衔接,有条件地区将危险废物经营许可要求纳入排污许可,探索"一证式"管理。研究建立危险废物再生利用环境风险评估标准和评估方法,鼓励出台危险废物利用污染控制地方标准。

第三节 开展本地特征污染物和新污染物治理

在建设安全健康城市过程中,环境污染面临新的挑战,要严密防控环境风险中的本地特征污染物和新污染物污染。本地特征污染物是指在特定地区由于自然环境、产业结构、能源使用方式、交通状况等因素,导致某些污染物的浓度较高或危害突出,这种区域性特点可能对当地生态环境和居民健康造成特殊影响,必须依据国家的标准结合本地实际进行治理。新污染物主要包括国际公约管控的持久性有机污染物、内分泌干扰物、抗生素等,加强新污染物治理,才能切实保障生态环境安全和人民健康。[①]

一、完善法规制度,建立健全新污染物治理体系

1. 加强法律法规制度建设

国家研究制定有毒有害化学物质环境风险管理条例。建立健全化学物质环境

---

① 参见:国务院办公厅关于印发《新污染物治理行动方案》的通知[EB/OL].(2022-05-24)[2025-01-26]. https://www.gov.cn/zhengce/content/2022-05-24/content_5692059.htm.

信息调查、环境调查监测、环境风险评估、环境风险管控和新化学物质环境管理登记、有毒化学品进出口环境管理等制度。加强农药、兽药、药品、化妆品管理等相关制度与有毒有害化学物质环境风险管理相关制度的衔接。

2. 建立完善技术标准体系

国家建立化学物质环境风险评估与管控技术标准体系，制定修订化学物质环境风险评估、经济社会影响分析、危害特性测试方法等标准。完善新污染物环境监测技术体系。

3. 建立健全新污染物治理管理机制

建立生态环境部门牵头，发展改革、科技、工业和信息化、财政、住房城乡建设、农业农村、商务、卫生健康、海关、市场监管、药监等部门参加的新污染物治理跨部门协调机制，统筹推进新污染物治理工作。加强部门联合调查、联合执法、信息共享，加强法律、法规、制度、标准的协调衔接。按照国家统筹、省负总责、市县落实的原则，完善新污染物治理的管理机制，全面落实新污染物治理属地责任。成立新污染物治理专家委员会，强化新污染物治理技术支撑。

二、开展调查监测，评估新污染物环境风险

1. 建立化学物质环境信息调查制度

开展化学物质基本信息调查，包括重点行业中重点化学物质生产使用的品种、数量、用途等信息。针对列入环境风险优先评估计划的化学物质，进一步开展有关生产、加工使用、环境排放数量及途径、危害特性等详细信息的调查。

2. 建立新污染物环境调查监测制度

制定实施新污染物专项环境调查监测工作方案。依托现有生态环境监测网络，在重点地区、重点行业、典型工业园区开展新污染物环境调查和监测试点。探索建立地下水新污染物环境调查、监测及健康风险评估技术方法。

3. 建立化学物质环境风险评估制度

研究制定化学物质环境风险筛查和评估方案，完善评估数据库，以高关注、高产（用）量、高环境检出率、分散式用途的化学物质为重点，开展环境与健康危

害测试和风险筛查。动态制定化学物质环境风险优先评估计划和优先控制化学品名录。

4. 动态发布重点管控新污染物清单

针对列入优先控制化学品名录的化学物质以及抗生素、微塑料等其他重点新污染物，制定"一品一策"管控措施，开展管控措施的技术可行性和经济社会影响评估，识别优先控制化学品的主要环境排放源，适时制定修订相关行业排放标准，动态更新有毒有害大气污染物名录、有毒有害水污染物名录、重点控制的土壤有毒有害物质名录。动态发布重点管控新污染物清单及其禁止、限制、限排等环境风险管控措施。有条件的地区在落实国家任务要求的基础上，参照国家标准和指南，先行开展化学物质环境信息调查、环境调查监测和环境风险评估，因地制宜制定本地区重点管控新污染物补充清单和管控方案，建立健全有关地方政策标准等。

三、严格源头管控，防范新污染物产生

1. 全面落实新化学物质环境管理登记制度

严格执行《新化学物质环境管理登记办法》，落实企业新化学物质环境风险防控主体责任。加强新化学物质环境管理登记监督，建立健全新化学物质登记测试数据质量监管机制，对新化学物质登记测试数据质量进行现场核查并公开核查结果。建立国家和地方联动的监督执法机制，按照"双随机、一公开"原则，将新化学物质环境管理事项纳入环境执法年度工作计划，加大对违法企业的处罚力度。做好新化学物质和现有化学物质环境管理衔接，完善《中国现有化学物质名录》。

2. 严格实施淘汰或限用措施

按照重点管控新污染物清单要求，禁止、限制重点管控新污染物的生产、加工使用和进出口。研究修订《产业结构调整指导目录》，对纳入《产业结构调整指导目录》淘汰类的工业化学品、农药、兽药、药品、化妆品等，未按期淘汰的，依法停止其产品登记或生产许可证核发。强化环境影响评价管理，严格涉新污染物建设项目准入管理。将禁止进出口的化学品纳入禁止进（出）口货物目录，加强进出口管控；将严格限制用途的化学品纳入《中国严格限制的有毒化学

美丽城市建设

品名录》，强化进出口环境管理。依法严厉打击已淘汰持久性有机污染物的非法生产和加工使用。

3. 加强产品中重点管控新污染物含量的控制

对采取含量控制的重点管控新污染物，将含量控制要求纳入玩具、学生用品等相关产品的强制性国家标准并严格监督落实，减少产品消费过程中造成的新污染物的环境排放。将重点管控新污染物限值和禁用要求纳入环境标志产品和绿色产品标准、认证、标识体系。在重要消费品环境标志认证中，对重点管控的新污染物进行标识或提示。

四、强化过程控制，减少新污染物排放

1. 加强清洁生产和绿色制造

对使用有毒有害化学物质进行生产或者在生产过程中排放有毒有害化学物质的企业依法实施强制性清洁生产审核，全面推进清洁生产改造；企业应采取便于公众知晓的方式公布使用有毒有害原料的情况以及排放有毒有害化学物质的名称、浓度和数量等相关信息。推动将有毒有害化学物质的替代和排放控制要求纳入绿色产品、绿色园区、绿色工厂和绿色供应链等绿色制造标准体系。

2. 规范抗生素类药品使用管理

研究抗菌药物环境危害性评估制度，在兽用抗菌药注册登记环节对新品种开展抗菌药物环境危害性评估。加强抗菌药物临床应用管理，严格落实零售药店凭处方销售处方药类抗菌药物。加强兽用抗菌药监督管理，实施兽用抗菌药使用减量化行动，推行凭兽医处方销售使用兽用抗菌药制度。

3. 强化农药使用管理

加强农药登记管理，健全农药登记后环境风险监测和再评价机制。严格管控具有环境持久性、生物累积性等特性的高毒高风险农药及助剂。持续开展农药减量增效行动，鼓励发展高效低风险农药，稳步推进高毒高风险农药淘汰和替代。鼓励使用便于回收的大容量包装物，加强农药包装废弃物回收处理。

五、深化末端治理，降低新污染物环境风险

1. 加强新污染物多环境介质协同治理

加强有毒有害大气污染物、水污染物环境治理，制定相关污染控制技术规范。排放重点管控新污染物的企事业单位应采取污染控制措施，达到相关污染物排放标准及环境质量目标要求；按照排污许可管理有关要求，依法申领排污许可证或填写排污登记表，并在其中载明执行的污染控制标准要求及采取的污染控制措施。排放重点管控新污染物的企事业单位和其他生产经营者应按照相关法律法规要求，对排放（污）口及其周边环境定期开展环境监测，评估环境风险，排查整治环境安全隐患，依法公开新污染物信息，采取措施防范环境风险。土壤污染重点监管单位应严格控制有毒有害物质排放，建立土壤污染隐患排查制度，防止有毒有害物质渗漏、流失、扬散。生产、加工使用或排放重点管控新污染物清单中所列化学物质的企事业单位应纳入重点排污单位名录。

2. 强化含特定新污染物废物的收集、利用、处置

严格落实废药品、废农药以及抗生素生产过程中产生的废母液、废反应基和废培养基等废物的收集、利用、处置要求。研究制定含特定新污染物废物的检测方法、鉴定技术标准和利用处置污染控制技术规范。

3. 开展新污染物治理试点工程

在重点流域和重点饮用水水源地周边，重点河口、重点海湾、重点海水养殖区、重点区域，聚焦石化、涂料、纺织印染、橡胶、农药、医药等行业，选取一批重点企业和工业园区开展新污染物治理试点工程，形成一批有毒有害化学物质绿色替代、新污染物减排以及污水污泥、废液废渣中新污染物治理示范技术。鼓励有条件的地方制定激励政策，推动企业先行先试，减少新污染物的产生和排放。

六、加强能力建设，夯实新污染物治理基础

1. 加大科技支撑力度

在国家科技计划中加强新污染物治理科技攻关，开展有毒有害化学物质环境风

险评估与管控关键技术研究；加强新污染物相关新理论和新技术等研究，提升创新能力；加强抗生素、微塑料等生态环境危害机理研究。整合现有资源，重组环境领域全国重点实验室，开展新污染物相关研究。

2. 加强基础能力建设

加强国家和地方新污染物治理的监督、执法和监测能力建设。加强国家和区域（流域、海域）化学物质环境风险评估和新污染物环境监测技术支撑保障能力。建设国家化学物质环境风险管理信息系统，构建化学物质计算毒理与暴露预测平台。培育一批符合良好实验室规范的化学物质危害测试实验室。加强相关专业人才队伍建设和专项培训。

第四节 加强城市塑料污染治理

塑料污染是全球城市面临的重要环境问题之一。有效治理塑料污染能改善城市生态环境，有力促进安全健康城市的建设。要积极推动塑料生产和使用源头减量、科学稳妥推广塑料替代产品，加快推进塑料废弃物规范回收利用，着力提升塑料垃圾末端安全处置水平，大力开展塑料垃圾专项清理整治，大幅减少塑料垃圾环境泄漏量，推动白色污染治理取得明显成效。[1]

一、积极推动塑料生产和使用源头减量

1. 积极推动塑料制品绿色设计

引导塑料制品企业执行绿色设计相关标准，增强塑料制品的易回收利用性。巩固禁塑成果，加大监管执法力度，严厉查处违法生产厚度小于0.025毫米的超薄塑料购物袋、厚度小于0.01毫米的聚乙烯农用地膜和含塑料微珠的日化产品行为。禁止销售含塑料微珠的日化产品。加强限制商品过度包装标准宣贯实施，加强对重点

---

[1] 参见：天津市生态环境局 天津市发展改革委关于印发《天津市"十四五"塑料污染治理行动方案》的通知[EB/OL]．（2022-02-25）[2025-01-26]．https://www.ndrc.gov.cn/xwdt/ztzl/slwrzlzxd/202202/t20220225_1318935.html．

商品过度包装的监督检查。

2. 持续推进一次性塑料制品使用减量

落实国家和城市有关禁止、限制销售和使用部分塑料制品的规定。督促指导商品零售、电子商务、餐饮、住宿、快递等经营者落实主体责任，按规定向主管部门报告一次性塑料制品的使用、回收情况。督促指导电子商务、外卖等平台企业和快递企业制定并严格执行一次性塑料制品减量平台规则，完成行业减量目标。落实国家绿色包装产品推荐目录，鼓励电商企业与快递企业合作，推进产品与快递包装一体化，推广电商快件原装直发，全面禁止使用不可降解的塑料包装袋、塑料胶带、一次性编织袋。

充分发挥公共机构表率作用，公共机构全面停止使用《公共机构停止使用不可降解一次性塑料制品名录（第一批）》内的不可降解一次性塑料制品，减少使用其他一次性塑料制品和一次性办公用品。各公共机构所属接待、住宿、餐饮、培训等场所逐步实现直饮净水机、开水机、陶瓷或玻璃杯等替代塑料瓶装水。加强宣传教育与科学普及，引导公众养成绿色消费习惯，减少一次性塑料制品消费，自觉履行生活垃圾分类投放义务。

3. 培育优化新业态新模式

开展可循环快递包装规模化应用试点。在全市范围内推广标准化物流周转箱循环共用，优先在生鲜同城寄递、连锁超市散货物流中推行可循环可折叠快递包装、可循环配送箱、可复用冷藏式快递箱。加快推进绿色快递包装、绿色建材等绿色产品认证，充分发挥质量认证作用，增加绿色产品供给，助力行业绿色发展。

4. 科学稳妥推广塑料替代产品

加大可降解塑料关键核心技术攻关和成果转化力度，不断提升产品质量和性能，降低应用成本。鼓励企业、高校、科研院所围绕塑料污染治理开展先进技术研究。定期发布《生态环境保护科技发展蓝皮书》，加强塑料领域绿色产品技术推广。推动生物降解塑料产业有序发展，引导产业合理布局，防止产能盲目扩张。加快全生物降解农膜的推广应用。做好可降解塑料检测机构资质认定服务，严格查处可降解塑料虚标、伪标等行为，规范行业秩序。

美丽城市建设

二、加快推进塑料废弃物规范回收利用和处置

1. 加强塑料废弃物规范回收和清运

合理布局生活垃圾收集设施设备，提高塑料废弃物收集转运效率。结合生活垃圾分类，推动与垃圾收集、运输相衔接的再生资源回收网点全覆盖，优化网点布局。进一步加强公路、铁路、水运、民航等旅客运输领域塑料废弃物规范收集，推动交通运输工具收集、场站接收与城市公共转运处置体系的有效衔接。推进电商、快递包装回收和循环利用，鼓励电子商务平台（含外卖平台）、快递企业与环卫单位、回收企业等开展多方合作，实现快递、电商包装废弃物规范化、洁净化回收。加快废塑料分拣加工中心建设，组织供销社在所属大型商超内加大对塑料污染治理的宣传力度，积极推广环保布袋、纸袋等非塑制品和可降解购物袋。

2. 推进农村生活垃圾无害化和资源化处置

健全农村生活垃圾收运处置体系，提升垃圾分类能力，构建稳定运行的长效机制。继续推进农膜回收利用，推广标准地膜应用、专业化回收、资源化利用，因地制宜建立废旧地膜回收网点，科学选择处置与利用方式。

开展农药包装物回收行动，基本建立以"谁使用谁交回、谁销售谁收集、专业机构处置、市场主体承担、公共财政补充"为主要模式的农药包装废弃物回收处理体系。探索利用农村垃圾回收处置体系处置农药包装废弃物。支持和指导种养殖大户、农业生产服务组织、再生资源回收企业等相关责任主体积极开展灌溉器具、渔网渔具、秧盘等废旧农渔物资的回收利用。指导推动各区渔业管理部门加大废弃渔具渔网清理力度，查处违规渔具渔网。

3. 加大塑料废弃物的再生利用

支持塑料废弃物再生利用项目建设，组织申报国家废塑料综合利用示范企业，引导相关项目向资源循环利用基地、工业资源综合利用基地等园区集聚，推动塑料废弃物再生利用产业规模化、规范化、清洁化发展。加强塑料废弃物再生利用企业的环境监管，在塑料废弃物回收、利用、处置等环节，督促企业严格执行环保法律法规。加大对散乱污企业和违法违规行为的整治力度，防止二次污染发生。加快

推广应用废塑料再生利用先进适用技术装备，鼓励塑料废弃物同级化、高附加值利用。

4. 提升塑料垃圾无害化处置水平

规范生活垃圾焚烧厂日常作业，加大执法检查力度，确保处理设施稳定运行，各类污染物达标排放。不再规划和新建原生垃圾填埋设施。加强现有垃圾填埋场综合整治，提升运营管理水平，确保原生垃圾"零填埋"，防止历史填埋塑料垃圾向环境中泄漏。

三、大力开展重点区域塑料垃圾清理整治

1. 加强江河湖海塑料垃圾清理整治

发挥河湖长制平台作用，开展河流、湖泊、水库管理范围内塑料垃圾专项清理；督促各级河湖长履职尽责，建立常态化清理机制，持续加强河湖内塑料垃圾的清理和河湖管护工作，建设美丽河湖。开展海洋塑料垃圾和微塑料监测调查。督促海滩等活动场所管理单位按照需求配备生活垃圾收集设施，生活垃圾及时清运。组织开展河流、海洋塑料垃圾及微塑料污染机理、监测、防治技术等相关研究。

强化港口船舶污染防治。严格执行《船舶水污染物排放控制标准》中包括塑料废弃物在内的船舶垃圾排放控制要求，加强船舶防污染设施和作业现场监督检查，严厉打击船舶向海域非法排污行为。每年开展船舶防污染专项整治行动。深化船舶和港口污染物接收转运处置联合监管机制，进一步规范包括塑料垃圾在内的船舶垃圾接收、转运、处置等环节作业行为，完善船舶生活垃圾"船—港—城"全过程、全链条的闭环管理模式。

2. 深化旅游景区塑料垃圾清理整治

建立健全旅游景区生活垃圾常态化管理机制，增加景区生活垃圾收集设施投放，实现旅游景区生活垃圾与城乡生活垃圾一体化收运处置，及时清扫收集景区塑料垃圾，做到日产日清。倡导文明旅游，强化对游客的教育引导，对随意丢弃饮料瓶、包装袋、湿巾等行为进行劝导制止，实现A级及以上旅游景区露天塑料垃圾全

美丽城市建设

部清零。将塑料污染治理有关要求纳入旅游景区质量等级评定标准体系。

3. 深入开展农村塑料垃圾清理整治

按照农村人居环境整治标准，以路边、河边、田边、村边、屋边为重点，深化实施农村全域清洁化工程，全面开展农村生活塑料垃圾清理整治行动，实现村庄露天塑料垃圾基本清零。

第五节　加强电磁辐射污染防治

电磁辐射污染是当前环境污染的重要组成部分之一，电磁辐射源的数量和强度不断增加，对人类的健康和环境产生了不利影响。不断提高电磁辐射设备（设施）环境安全水平，降低辐射环境风险，确保辐射环境质量保持稳定，是建设安全健康城市的必然要求。[①]

一、提升辐射安全监管效能

1. 加强队伍建设

统筹推进辐射安全监管队伍建设，持续开展辐射安全法律法规、标准规范、应急能力培训，不断提升监管队伍专业化水平，保持监管队伍的稳定。

2. 推进"放管服"改革

进一步压缩核与辐射政务事项办理时限和压减申请材料数量。推进核与辐射安全许可管理系统建设，并与国家核技术利用辐射安全管理系统和上级主管部门网上行政审批平台有效连接，实现辐射安全许可相关业务"一网通办"。持续提升国家核技术利用辐射安全管理系统数据质量，确保数据及时性、完整性、准确性。探索建立地方性标准，提升辐射安全监管规范化水平。充分借助有关高校和科研机构的技术力量拓展核技术在辐照育种、污泥处理、废水处理、消毒灭菌、医疗健康等多

---

① 参见：重庆市生态环境局关于印发《重庆市辐射污染防治"十四五"规划（2021—2025年）》的通知[EB/OL]．（2022-03-15）[2025-01-26]．https://sthjj.cq.gov.cn/zwgk_249/zfxxgkzl/fdzdgknr/ghjh/202203/t20220315_10505002_wap.html．

方面的研究应用。

二、优化监管工作机制

1. 有效运转市级核安全工作协调机制

加强与卫生健康、公安、交通、应急管理等部门的协调联动、协作配合，监测研判、联防联控城市核与辐射安全领域的风险，推动解决辐射安全领域重难点问题。加强区域辐射安全风险联防联控，加强监管技术交流。按照"双随机、一公开"，开展核技术利用单位辐射安全与防护执法检查、核与辐射建设项目"三同时"和自主验收情况检查。运用国家核技术利用辐射安全监管系统，进一步实现辐射现场执法信息化、智能化。

2. 评价管理水平和安全状况

结合监督检查情况，对核技术利用单位的辐射安全管理水平和安全状况进行评价，强化评价结果的应用。基于风险分级分类管理原则完善核技术利用监督检查大纲和监督检查程序，探索核技术利用单位辐射安全管理量化评估工作。加强对射线装置报废处置的监督检查，确保达到去功能化的目标。深入开展核与辐射安全隐患排查，妥善处理辐射信访投诉，防范辐射安全风险。强化对输变电设施、雷达、广播电视台站等电磁辐射建设项目的事中事后监管，加强对《通信基站环境保护工作备忘录》执行情况的监督检查，督促电磁辐射项目建设单位落实环境保护主体责任。

3. 加强核安全文化宣传和辐射科普知识宣传

引导重点核技术利用单位将核安全文化纳入企业安全生产体系。探索建立核安全文化建设长效机制，将核安全文化建设纳入日常监督检查，适时组织开展核技术利用单位核安全文化建设情况调查。建设辐射科普宣传基地，拓展宣传阵地，主动融入新媒体、全媒体宣传领域；精心设计科普宣传方式，将政策法规、科普知识、辐射应急等内容以通俗易懂的方式进行宣传。

三、提升辐射监测能力

1. 做好辐射环境监测

强化对重点辐射源单位、伴生放射性矿开发利用企业、中波发射塔电磁项目和城市放射性废物暂存库的监督性监测。做好辐射环境质量、辐射环境自动站等常规监测工作。完善电磁环境监测手段，配置车载电磁辐射环境监测设备，开展电磁领域新技术跟踪调研，了解其工作原理、电磁辐射环境影响特性及电磁辐射水平，为电磁辐射监管提供技术支持。提升监测实验室信息化水平，持续改进实验室管理系统（LIMS），对辐射实验室的人、机、料、法、环进行信息化管理，提升辐射实验室管理效率和水平。

2. 提升辐射监测网络性能

进一步拓展水体、土壤、大气、宇宙射线、电磁等项目辐射监测网络建设，优化辐射环境质量点位设置，实现辐射环境监测要素和重点污染源监测的全覆盖；不断完善辐射环境监测技术体系，全面提高监测自动化、标准化、信息化水平，确保监测数据"真、准、全"，实现监测数据实时、全面、准确的"一张图"展示。推动水体辐射自动化建设。

3. 打造一流监测中心

推动实验室能力提升，不断加强实验室质量管理体系和管理能力建设，开展辐射监测质量考核监督。提高实验室信息化和智能化水平，提升应急监测和常规监测能力，提升辐射分析检测能力。根据区域放射性同位素与射线装置分布情况、电磁辐射设施（设备）使用情况，组建核与辐射环境监测分支机构，使其具备辐射环境实验室分析监测能力。

四、健全辐射应急体系

适时修订各级辐射事故应急预案，有效衔接其他相关应急预案。研究制定典型辐射事故现场处置行动指南。加强应急通信系统建设，综合考虑中继站、5G通信和卫星通信等设备，打通应急平台与单兵之间"最后1公里"的通信障碍。提升应急硬件能力，配置无人机辐射监测系统、γ相机、就地γ谱仪、应急救援机器人等应急设备。继续做好辐射安全大数据平台维护工作，保障其稳定运行，并对平台技术架构和功能进行升级改造。推进高风险放射源监控系统建设，提升高风险移动放射源在线监控系统功能，实现定位精准、轨迹准确、数据传输稳定、预警及时。探索建立社会机构参与辐射事故应急的体制机制，组织下属机构和社会机构开展辐射应急训练。接入和整合现有监测及监控资源，实现系统互联互通与资源共享，做到"软硬"兼备、全面发展。建立健全涉源单位与应急响应队伍的应急响应流程，提升应对重大、复杂辐射事故监测、处置等技术能力。

五、加强放射性废物管理

稳步推进新城市放射性废物库及配套安防设施建设，做好新、旧城市放射性废物库的交接和废旧放射源处理处置工作。加强对放射性废物和废旧放射源的收贮、暂存和管理工作，确保核技术利用单位产生的放射性废物100%安全收贮，重点消除历史遗留的放射源和放射性废物。建立健全放射性废物库管理制度及放射性废物定期清运机制，监控库容余量及放射性废物贮存状态，适时开展清库工作，减少大量废旧放射源和放射性废物的聚集。实施城市放射性废物库安全与防护能力提升和生态修复工程，包括安保设施升级、收贮自动化改造、大小周界生态修复等。

第六节 加强城市生物安全防范

生物安全在安全健康城市建设中具有特殊的地位，要有效防范和应对危险生物因子及相关因素威胁，使人民生命健康和生态系统处于没有危险和不受威胁的状态。建立健全生物安全风险防控和治理体系，全面提高生物安全治理能力，进一步

美丽城市建设

加强外来物种入侵防控，才能建设安全健康城市。[①]

一、建立健全生物安全风险防控体制

建立健全生物安全风险防控和治理体系，全面提高国家生物安全治理能力。完善国家生物安全风险监测预警体系和防控应急预案制度，健全重大生物安全事件信息统一发布机制。加强动植物疫情和外来入侵物种口岸防控工作。统筹布局生物安全基础设施，构建国家生物数据中心体系，加强高级别生物安全实验室体系建设和运行管理。强化生物安全监管，制定完善人类遗传资源和生物资源目录，建立健全生物技术研究开发风险评估机制。推进生物安全法实施。加强生物安全领域国际合作，积极参与生物安全国际规则的制定。

建立生物安全风险防控体制，防控重大新发突发传染病、动植物疫情，加强生物技术研究、开发与应用安全，维护病原微生物实验室生物安全和人类遗传资源与生物资源安全，防范生物恐怖与生物武器威胁，加强生物安全能力建设。

二、开展外来入侵物种普查和监测预警

以我国初步掌握的外来入侵物种为基础，在农田、渔业水域、森林、草原、湿地等各区域，启动外来入侵物种普查，摸清我国外来入侵物种的种类数量、分布范围、危害程度等情况。依托国土空间基础信息平台等构建监测预警网络，在边境地区及主要入境口岸、粮食主产区、自然保护地等重点区域，以农作物重大病虫、林草外来有害生物为重点，布设监测站（点），组织开展常态化监测。强化跨境、跨区域外来物种入侵信息跟踪，建设分级管理的大数据智能分析预警平台，强化部门间数据共享，规范预警信息管理与发布。

---

① 参见：中华人民共和国国民经济和社会发展第十四个五年规划和2035年远景目标纲要[EB/OL]. （2021-03-13）[2025-01-26]. http://www.xinhuanet.com/2021/03/13/c_1127205564_16.htm；《中华人民共和国生物安全法》[EB/OL]. （2022-10-18）[2025-01-26]. https://www.gov.cn/xinwen/2020-10/18/content_5552108.htm；农业农村部 自然资源部 生态环境部 海关总署 国家林草局关于印发《进一步加强外来物种入侵防控工作方案》的通知[EB/OL]. （2021-02-03）[2025-01-26]. http://www.moa.gov.cn/govpublic/KJJYS/202102/t20210203_6361137.htm.

三、加强外来物种引入管理和外来入侵物种口岸防控

依法严格外来物种引入审批，强化引入后使用管控，任何单位和个人未经批准不得擅自引进、释放或者丢弃外来物种。开展从境外引进农作物和林草种子苗木、进境动植物及其产品风险分析，规范外来物种引入检疫审批和入侵风险评估，实行外来物种分级分类管理。加强外来物种引入后使用和经营行为的监督管理，使用和经营单位或个人要采取安全可靠的防范与应急处置措施，防止引入物种逃逸、扩散造成危害。加大对未经批准擅自引进、释放或者丢弃外来物种行为的打击力度。

完善风险预警和应急处理机制，强化入境货物、运输工具、快件、邮件、旅客行李、跨境电商、边民互市等渠道的检疫监管，对截获的外来入侵物种进行严格处置。发挥海关反走私综合治理作用，严厉打击非法引进、携带、邮寄、走私外来物种的违法行为，有效堵截外来物种非法入境渠道。加强口岸查验设施设备配备，提升实验室检疫、检测、鉴定技术水平，提高海关口岸把关能力，筑牢外来入侵物种口岸检疫防线。

四、加强外来入侵物种的治理

加强农田、渔业水域等区域外来入侵物种治理，落实阻截防控措施，坚决守住粮食安全底线。当前重点做好草地贪夜蛾、马铃薯甲虫、苹果蠹蛾、红火蚁等重大危害种植业生产外来物种阻截防控，坚持分类施策、治早治小、全力扑杀，在关键区域布设阻截带，集成绿色防控技术模式，建立综合治理示范区。强化水生外来物种养殖环节监管，推进水葫芦、福寿螺、鳄雀鳝等水生外来入侵物种综合治理。加强对危害农业生态环境的紫茎泽兰、豚草等外来入侵恶性杂草的综合治理，加强生物防治和生物替代，稳妥开展集中灭除。

结合有关生态保护修复工程建设，抓好松材线虫、美国白蛾、互花米草、薇甘菊等重大林草外来入侵物种治理工作。实施松材线虫病防控攻坚行动等重点治理工程，坚持分区分级，推进精准治理。开展少花蒺藜草、黄花刺茄等危害森林草原湿地生态系统的恶性入侵杂草综合治理。加强自然保护地外来入侵物种综合治理。推

美丽城市建设

进城乡绿化区域外来入侵物种综合治理。依托生物多样性保护重大工程，推进生物多样性保护优先区域等重点区域外来入侵物种治理。加强江河湖泊及河口外来入侵物种治理。

五、加强科技攻关和宣传教育

优化科技资源布局，加强外来物种入侵防控基础研究、关键技术研发、集成示范应用。在基础研究方面，加强对外来入侵物种认定标准、扩散规律、危害机理、损失评估等方面的研究。在关键技术研发方面，针对口岸查验、应急扑灭、生物防治和生态修复等关键环节，加快研发快速鉴定、高效诱捕、生物天敌等实用技术、产品与设备。在集成示范应用方面，开展综合防控技术试点示范，建设天敌繁育基地，探索社会化治理，形成可复制、易推广的综合治理技术模式和成果。

利用互联网、移动终端、广播电视等各种媒介，加强外来物种入侵防控科普宣传，形成全社会共同参与的良好氛围。结合全民国家安全教育日、国际生物多样性日、世界环境日等主题宣传活动，强化相关法律法规和政策解读，普及外来物种入侵防控知识。加强技术培训，提升基层人员外来物种入侵防控专业能力。将外来物种入侵防控作为大中小学国家安全教育的重要内容，探索参与式、实践式教育，引导提升广大青少年的外来物种入侵防控意识。

第七节 气候适应型城市建设

气候变化导致的极端天气气候事件和各类缓发不利影响不断加剧。区域气候变化趋势与城市气候效应叠加，使城市遭受的不利影响和风险更为严重。提高城市适应气候变化能力，开展气候适应型城市建设，是建设安全健康城市的重要内容。[①]

---

① 参见：关于深化气候适应型城市建设试点的通知[EB/OL]．（2023-08-18）[2025-01-26]．https://www.gov.cn/zhengce/zhengceku/202308/content_6900892.htm．

一、完善城市适应气候变化治理体系

加强气候适应型城市建设协调指导，建立健全由生态环境部门牵头、相关部门积极参与的气候适应型城市建设试点工作领导协调机制。制定气候适应型城市建设试点实施方案，将气候适应型城市建设纳入城市各级各类相关规划和美丽城市建设重点任务。建立健全气候系统观测、影响风险评估、综合适应行动、效果评估反馈的工作体系。建立城市适应气候变化信息共享机制和平台，提升信息化、智能化管理水平。完善适应气候变化相关财政、金融、科技等支撑保障机制和配套政策。建立评估考核机制，开展年度工作成效评估，并纳入生态环境美丽城市评估体系。

二、强化城市气候变化影响和风险评估

建设高精度城市气候变化监测、预测和预估基础数据集，开展城市细致气候特征以及热岛、雨岛、干岛、浑浊岛效应的综合分析。探索开展气候变化影响和风险的精细化定量监测与评估、预估及归因分析。建立跨部门气候风险联合会商评估工作机制，强化重点领域、重点工程、重要开发项目气候变化影响和风险评估。加强气候变化影响显著区域的地质灾害综合防控，开展海平面上升耦合极端灾害过程的滨海城市安全综合风险评估。加强气候变化对沿海城市富营养化、海洋酸化和缺氧的影响分析和风险评估。有效衔接常态化气象灾害隐患排查与周期性综合风险普查，开展动态风险评估，绘制城市气候风险地图。

三、加强城市适应气候变化能力建设

加强队伍建设，广泛开展适应气候变化知识和业务培训，提高干部队伍业务能力。开展适应气候变化主题宣传活动，利用多种方式推动适应气候变化进机关、进校园、进社区、进企业、进农村，提高公众气候风险防范与适应气候变化的意识。在国家生态环境科普基地建设中增加气候适应方面的相关内容。加强适应气候变化先进技术推广应用，探索提升城市适应能力综合解决方案。充分调动金融机构、企业、社区、社会组织及公众等多元主体适应气候变化的积极性，发展壮大志愿者队

美丽城市建设

伍,形成全社会广泛参与的良好氛围。加强适应气候变化国际合作,开展气候适应型城市建设政策、技术、实践经验国际交流,推动建立气候适应型城市友城伙伴关系,提升气候适应型城市建设国际影响力。

四、加强极端天气气候事件风险监测预警和应急管理

建设以地面自动气象站为主的立体精密、智能协同的城市综合气象观测系统。建立气象灾害及其次生灾害监测与预警预报体系,完善定量化监测指标体系,开展精细化网格预报预测。因地制宜建设早期预警平台和分灾种监测预报预警系统,建立多源资料融合的极端天气气候事件灾情数据库。建立跨部门、跨区域联防联控的常态化管理体系,制定完善极端天气气候事件应急预案,完善应急处置和救灾响应机制。强化专业应急救援装备力量部署,优化完善应急抢险救灾物资储备库布局,加强应急救援联合演练。

五、优化城市适应气候变化空间布局

在国土空间规划实施评估中加强气候风险及适应性评估。结合国土空间规划编制实施,在"三区三线"、蓝线绿线等基础上,进一步探索城市适应气候变化的空间策略,优化城市空间布局。融合规划和土地政策,加大城市存量空间盘活力度,统筹城市地上、地下空间综合利用。划定海洋灾害防治区,强化沿海城镇海平面上升应对措施。划定洪涝风险控制线,加强对城市和区域调蓄空间的管控。确定重要基础设施用地控制范围并预留发展空间,完善城镇安全韧性空间和基础设施。以社区为基本单元构筑城市安全防御体系,优化公共卫生等应急空间网络。

六、提升城市基础设施气候韧性

建立健全基础设施建档制度,以城市人民政府为实施主体,加快开展城市市政基础设施现状普查,摸清底数、排查风险、找准短板,提出有针对性的基础设施韧性提升措施,纳入市政基础设施建设规划及实施计划。鼓励探索开展城市基础设施压力测试。对城市基础设施安全风险进行源头管控、过程监测、预报预警、应急处

置和综合治理。全面提升极端天气气候事件下城市各类基础设施的防灾、减灾、抗灾、应急救灾能力和城市重要基础设施快速恢复能力、关键部位综合防护能力。

七、提升城市水安全保障水平

统筹流域防洪与城市防洪排涝，统筹城市防洪和内涝治理，加快实施城市防洪提升工程，建设和完善源头减排、蓄排结合、排涝除险、超标应急的排水防涝体系，有效应对城市内涝防治标准内的降雨，加强易涝积水点整治，推广海绵城市建设理念。对沿河沿海城市级别、人口规模等保护对象重要性提升或新增防洪防潮任务的城市河段，合理提高防洪安全保障标准和防洪工程标准，以应对极端洪涝、风暴潮灾害。加强城市水源地保护，因地制宜构建城市多水源供水格局，加强供水应急备用水源建设，提高城市供水保证率，有效应对干旱缺水、水污染等供水风险。

八、保障城市交通安全运行

强化极端天气气候事件预警与城市综合交通系统应急联动机制，提高停运复运、运营调度和应急管理信息化、智能化水平。完善城市应急通道网络，健全城市道路照明、标识、警示等指示系统，提高穿越城市的高速公路应急抢通和快速修复能力，提升极端天气气候事件下防灾救灾能力。加强风险隐患排查管理，积极防范极端天气气候事件引发的次生地质灾害，切实落实港口码头、航道及航道设施防汛防台风措施。提高城市道路耐受气候变化影响的变幅阈值，制定或修订相关建设、管理和养护标准。

九、提升城市生态系统服务功能

实施基于自然的解决方案，构建蓝绿交织、清新明亮的复合生态网络和连续完整、功能健全的城市生态安全屏障，打造与适应气候变化协同融合的城市空间和景观格局。实施城市生态修复工程，加强城市水土保持，严格保护城市山体自然风貌，修复江河、湖泊、湿地等重要生态系统。充分发挥生态系统防潮御浪、固堤护岸等减灾功能，促进生态减灾协同增效。将生物多样性保护要求融入城市规划、建

美丽城市建设

设、治理相关标准和规范，推动生态廊道、通风廊道、城市绿道、景观廊道及基础设施一体布局。鼓励利用街头、社区小微空间，修复、营建基于本土自然的生态环境，畅通城市微生态循环。加强山水林田湖草沙一体化保护修复，完善城市生态系统，提升城市生态碳汇能力，促进城市化地区绿色发展。

十、推进城市气候变化健康适应行动

开展城市气候变化健康风险监测评估，明确本市重点气候敏感传染病、慢性非传染病，实施城市气候变化健康适应行动。建立气候敏感疾病、高温热浪等健康风险预警与干预机制，及时发布预警信号和健康提示信息。重点关注脆弱人群健康适应能力，厘清脆弱人群特征和时空分布，针对性发布健康保健和防护指南。

十一、推进海绵城市建设

有序推进海绵城市建设，能有效防治城市内涝、保障城市生态安全。[1]

1. 新建改建海绵型公共建筑和小区住宅，实现雨水源头控制

鼓励公共建筑与小区住宅采用绿色屋顶、雨水花园等低影响开发形式，因地制宜地规划建设蓄存雨水的景观水体和相应设施。新建公共建筑和小区住宅，可结合绿色建筑建设，推行绿色屋顶或屋顶花园，增加雨水渗透、净化和收集利用设施；既有公共建筑与小区住宅，可结合实际情况，遵循施工简便、设置灵活、维护简单、经济高效的原则，对建筑屋顶、建筑与小区周边绿地以及景观水体等实施低影响开发改造。小区非机动车道和地面停车场，可采用透水性铺装，增加雨水自然渗透空间；下沉式绿地、雨水湿地和蓄水池可结合小区绿化和景观水体进行建设，充分发挥雨时调蓄、旱时绿化灌溉功能。收集的雨水，可用于绿化灌溉、景观水体补充和道路清洗保洁等。

2. 优化城市绿地与广场建设，增强雨水渗透吸纳能力

结合周边水系、道路、市政设施等，对城市绿地与广场统筹开展竖向设计，以

---

[1] 参见：杭州市人民政府办公厅关于推进海绵城市建设的实施意见[EB/OL]. （2016-04-29）[2025-01-26]. https://www.hangzhou.gov.cn/art/2016/4/29/art_1163983_3774.html.

消纳自身雨水径流，并尽可能为周边区域提供雨水滞留、缓释空间，提高区域内涝防治能力。可结合景观要求和人民群众活动需求，采取下沉式绿地、雨水花园、植草沟、植被缓冲带、雨水湿地、雨水塘、生态堤岸、生物浮床等低影响开发技术，提高城市绿地与广场的雨水渗透能力，增加雨水调蓄、净化功能，有效削减地表径流峰值和流量，并对雨水资源进行合理利用。

3. 改善城市道路排水，有效削减雨水径流

转变道路建设理念，统筹规划设计符合低影响开发技术要求的道路高程、道路横断面、绿化带及排水系统，变快速汇水为分散就地吸水，提高道路对雨水的渗滞能力。对已建道路，可通过路缘石改造，增加植草沟、溢流口等方式将道路径流引到绿地空间。对新建道路，应结合红线内外绿地空间、道路纵坡及标准断面、市政雨水排放系统布局等，优先采用植草沟排水。对红线外绿地空间规模较大的道路，可结合周边地块条件设置雨水湿地、雨水塘等雨水调节设施，集中消纳道路及部分周边地块雨水径流。对自行车道、人行道以及其他非重型车辆通过路段，优先采用渗透性铺装材料。

4. 加强城市水环境综合整治，发挥水体调蓄功能

在城市建设过程中，严格落实"蓝线"管理规定，有效保护现状河流、湖泊、湿地、坑塘、沟渠等城市自然水体，合理确定城市水系的保护与改造方案，使其满足海绵城市建设控制目标与指标要求。要充分利用城市自然水体和雨水湿地、湿塘等设施调蓄和净化初期雨水，并与城市雨水管渠系统、超标雨水径流排放系统及下游水系相衔接。严禁随意填埋河道水系，有条件的地区要恢复已填埋的河道，强化水系沟通，保护现有湿地，对城市水系进行水质净化、流速缓滞，并充分考虑河湖水体的水量和水位需求，保证城市防洪排涝需要的过水流量和调蓄库容。

第八节　提升居民环境健康水平

环境健康是人类健康生存和发展的基础，健康风险防控已经成为生态环境管理

美丽城市建设

的一大核心。以更宽阔的眼界和更高的格局谋划环境健康工作高质量发展，是建设安全健康城市的必然要求。①

一、强环境健康风险监测评估

1. 识别风险分布状况

充分利用污染源普查、生态环境监测、排污许可、"三线一单"、敏感区分布、人口分布、土地利用、经济结构以及环境健康调查研究等数据资源，研究构建环境健康风险源识别和区域风险评估技术方法、指标体系及数字化模型。筛选高风险源清单，结合污染源、污染物、暴露途径、暴露路径及可能受到潜在污染影响的敏感人群分析，绘制风险分布地图，识别高风险区域及其关键影响因素，提出环境健康风险分区分级管理对策，推动地方生态环境部门加强监管。

2. 监测风险发展趋势

分析环境健康风险监测与评估业务需求，结合现有生态环境监测网络，编制环境健康风险监测体系建设方案，逐步纳入国家生态环境监测体系。选取典型地区，试点探索国家、地方、企业多元参与的业务体系与工作机制，关注与人群暴露直接相关的环境要素中有毒有害污染物的监测，优化监测点位和监测项目设置，加强学校、医院、居民区等敏感区域监测点位布设，及时掌握风险发展规律、研判发展趋势。

3. 丰富风险评估参数

修订人群暴露参数，及时反映经济和社会发展对中国人群环境暴露行为模式的影响。根据生态环境管理业务活动涉及的典型暴露场景，细化暴露参数分类，明确使用原则，增强数据的实用性。跟踪国内外农药、高关注物质研究进展，建立有毒有害物质毒性数据库。向社会提供人群暴露参数和有毒有害物质毒性数据查询使用服务。

---

① 参见：关于印发《"十四五"环境健康工作规划》的通知[EB/OL].（2022-07-30）[2025-01-26]. https://www.gov.cn/zhengce/zhengceku/2022-07/30/content_5703607.htm.

二、大力提升居民环境健康素养

1. 监测居民环境健康素养水平

依据《公民环境与健康素养测评技术指南（试行）》，完善素养测评题库。制定居民环境健康素养监测实施方案，建立监测工作网络。积极推进信息化建设，逐步建立素养监测数据收集、整理、共享平台和工作机制。监测居民素养水平，把握不同人群素养水平差异、发展趋势和影响因素。按程序发布监测信息，促进监测结果的应用，为评价、完善素养提升行动措施提供科学依据。

2. 倡导绿色健康理念和生活方式

加强宣传动员，把提升居民环境健康素养作为建设健康中国和美丽中国的重要内容，结合日常宣传科普工作制定推进计划，广泛动员单位、社区、社会组织、家庭、个人和媒体参与。重点加大对农村居民的宣传科普力度，结合各地特色挖掘传统生态文化内涵，促进环境和自然资源的保护。倡导人们树立"保护生态环境、维护健康人人有责"的基本理念，培养自主自律的绿色健康生活方式，争做文明风尚的培育者、美好生活的创造者。倡导企业增强履行社会责任的荣誉感和使命感，在保护环境、维护公众健康方面发挥更加重要的作用。倡导政府部门强化社会责任，在践行社会主义核心价值观、引领社会良好风尚中率先垂范。

3. 搭建多元互动的宣传科普平台

把握宣传、策划、包装各个环节，充分挖掘现代媒体效能，围绕环境健康相关知识，打造以"美丽中国，健康你我"为主题的科普宣传品牌。创造更多科技界与公众交流的机会，支持各类科学共同体、社会组织、学校、企业、社区和个人等社会力量参与，充分利用各类科普阵地，结合六五环境日、全国低碳日和世界地球日等纪念日，举办竞赛、论坛、讲座、沙龙、展览等多种形式活动，普及传播环境健康知识，展示优秀案例和良好实践。围绕公众关切的热点和焦点问题，积极开展科学家与公众对话，引导公众科学理性认识环境健康风险，提升风险防范意识和能力。

美丽城市建设

三、持续探索环境健康管理对策

1. 推动环境健康风险防控

从重点区域、重点流域、重点行业和重点污染物入手，强化源头预防，以对具有高环境健康风险的污染因素主动管理为出发点，鼓励开展将健康风险防控融入生态环境管理制度的探索，在生态环境标准、环境风险分区分级、环境影响评价、生态环境监测、监管执法等领域开展研究，为建立环境健康监测、调查和风险评估制度提供依据。在生态环境管理各项政策制定过程中，充分考虑保障公众健康的需求，总结提炼经过实践检验且行之有效的创新经验，及时推广应用。

2. 深入推进拓展工作

生态环境部制定了国家环境健康管理试点工作指南，更多有条件的地区要制定工作方案，特色鲜明、转型需求迫切、基础条件较好的地区要打造环境健康管理城市。淮河流域、长江经济带、黄河流域、成渝地区等地，要以化工园区为重点探索开展环境健康风险管理工作。

3. 参与儿童友好城市建设

重视环境对儿童的影响并强化儿童参与生态环境保护意识。人口超过100万人、经济基础实、建设条件成熟的城市，积极参与儿童友好城市建设。探索城市儿童活动空间环境健康风险识别与评估，研究构建城市儿童环境健康友好度评价指标体系。依托各类科普阵地，对儿童进行人与自然、环境健康的相关理念及基本知识的系统性普及，促进儿童自觉养成绿色健康的良好生活习惯。

四、增强环境健康技术支撑能力

1. 健全完善标准规范

依据《生态环境健康风险评估技术指南总纲》，针对数据质量评价、不确定性分析等环境健康风险评估的通用技术和方法，制定基础方法类标准规范；针对重点区域、重点行业、建设项目、化学物质、污染地块等防控健康风险的特定生态环境管理需要，制定管理应用类标准规范；研发一套环境健康风险评估软件工具。开展以健康风险防控为约束条件的环境基准研究，为筛选重点管理的有毒有害污染物、制修订相关标准提供依据。探索构建新污染物环境健康风险评估技术标准体系，针对持久性有机污染物、内分泌干扰物、抗生素等新污染物，研究调查监测、危害评估、暴露评估、风险表征等技术方法。

2. 推动科技创新发展

鼓励面向环境健康基础理论需求和关键科学问题部署基础研究任务，促进部门间协作，以及环境科学、环境医学、化学、生物信息等学科的深度融合。聚焦新污染物、噪声、大气细颗粒物与臭氧协同防控，深化对人体健康影响的机理研究。引导产学研用一体化发展，遴选一批环境健康领域的创新实用成果，开展技术应用集成化、市场化研究，面向提升污染物溯源和暴露评估的精准化、精细化、智能化需求，突破一批检测、溯源等关键共性技术。研究生态环境保护的健康效益评估方法，为环境决策提供依据。

3. 加强数据资源管理

依托生态环境综合管理信息化平台和生态环境信息资源中心，加强环境健康大数据综合利用，系统整合相关调查、监测数据库，健全收集、录入、传输、储存、交流、查询、反馈、分析、利用和展示功能。加强环境健康信息标准化管理，编制数据资源目录，推进元数据注册服务，研究信息资源开放共享机制。

五、打造环境健康专业人才队伍

1. 加强科技人才培养

充分认识高层次人才在环境健康工作中的引领作用，以精准化暴露溯源、测量和风险评估为重点，集聚选拔科技领军人才。推动学术交流与国际合作，培养具有国际视野和国际竞争力的科研团队。重视基层科技人才培养，定期举办业务培训，形成持续的培训制度。

2. 强化科普人才培养

提高环境健康宣教、科普的能力和水平，组建环境健康科学传播专家团队，开展宣教人员业务知识培训。以多元化投资和市场化运作的方式，加大对环境健康科

美丽城市建设

普创作重要选题的资助，培育一批高水平的科普创作人才，开发一批科普产品和培训课程。

3. 组建专业智库

国家成立国家环境健康风险评估专家委员会，在国家生态环境保护重点实验室体系建设中，完善环境健康研究方向布局，建设省部级重点实验室。生态环境系统科研单位与高校、科研院所、企业、社会组织等建立合作关系，围绕学科领域、行业发展和区域创新联合开展重大科学问题研究，研发新方法、新技术、新装备，促进协同创新。

第六章

智慧高效城市

智慧高效城市是通过大数据、人工智能、物联网、云计算、5G等技术，优化资源配置，提高公共服务效率，实现城市运行的智能化、协同化、高效化的城市发展模式。其核心是数字驱动、智能管理、高效运作、精准服务、绿色低碳、安全韧性、宜居宜业。当前，要全领域推进城市数字化转型、全方位增强城市数字化转型支撑、全过程优化城市数字化转型生态、推进新型城市基础设施建设、打造韧性城市、建设美丽城市。

第一节　全领域推进城市数字化转型

数字化转型是建设智慧高效城市的基础。数字化转型通过大数据、人工智能、物联网、云计算等技术，实现城市管理和公共服务的智能化，从而推动现代城市治理模式创新。要以数据融通、开发利用贯穿城市全域数字化转型建设始终，打造智慧高效的城市。[1]

一、建立城市数字化共性基础

构建统一规划、统一架构、统一标准、统一运维的城市运行和治理智能中枢，打造线上线下联动、服务管理协同的城市共性支撑平台，构建开放兼容、共性赋能、安全可靠的综合性基础环境，推进算法、模型等数字资源一体集成部署，探索

---

[1] 参见：国家发展改革委 国家数据局 财政部 自然资源部关于深化智慧城市发展 推进城市全域数字化转型的指导意见[EB/OL]. （2024-05-14）[2025-01-26]. https://www.gov.cn/zhengce/zhengceku/202405/content_6952353.htm.

美丽城市建设

建立共性组件、模块等共享协作机制。鼓励发展基于人工智能等技术的智能分析、智能调度、智能监管、辅助决策，全面支撑赋能城市数字化转型场景建设与发展。鼓励有条件的地方推进城市信息模型、时空大数据、国土空间基础信息、实景三维中国等基础平台功能整合、协同发展、应用赋能，为城市数字化转型提供统一的时空框架，因地制宜有序探索推进数字孪生城市建设，推动虚实共生、仿真推演、迭代优化的数字孪生场景落地。

二、培育壮大城市数字经济

深入推进数字技术与一二三产业深度融合，鼓励平台企业构建多层次产业互联网服务平台。因地制宜发展智慧农业，加快工业互联网规模化应用，推动金融、物流等生产性服务业和商贸、文旅、康养等生活性服务业数字化转型，提升"上云用数赋智"能力。深化数字化转型促进中心建设，促进城市数字化转型和大中小企业融合创新协同发展。因地制宜发展新兴数字产业，加强大数据、人工智能、区块链、先进计算、未来网络、卫星遥感、三维建模等关键数字技术在城市场景中集成应用，加快技术创新成果转化，打造具有国际竞争力的数字产业集群。培育壮大数据产业，发展一批数据商和第三方专业服务机构，提高数据要素应用支撑与服务能力。

三、促进新型产城融合发展

创新生产空间和生活空间融合的数字化场景，加强城市空间开发利用大数据分析，推进数字化赋能郊区新城，实现城市多中心、网络化、组团式发展。推动城市"数字更新"，加快街区、商圈等城市微单元基础设施智能化升级，探索利用数字技术创新应用场景，激发产城融合服务能级与数字活力。深化城市场景开放促进以城带产，提升产业聚合力。加速创新资源共享助力以产促城，发展虚拟园区和跨区域协同创新平台，增强城市数字经济就业吸附力。

四、推进城市精准精细治理

加强城市数字化转型与城市更新、空间优化、产业发展、乡村振兴、社会信用等重大战略与政策的衔接协同。完善城市运行管理服务平台,深化"一网统管"建设,推动城市规划、建设、管理、运维全过程各环节数据融通,加强城市生命体征监测,推动城市体检与城市更新数据赋能、业务联动。依托城市运行和治理智能中枢等,整合状态感知、建模分析、城市运行、应急指挥等功能,聚合公共安全、规划建设、城市管理、应急通信、交通管理、市场监管、生态环境、民情感知等领域,实现态势全面感知、趋势智能研判、协同高效处置、调度敏捷响应、平急快速切换。探索基层一体化智慧治理体系,加快高频数据按需合规回流基层,形成基层数据可有效沉淀、可快速共享的应用服务体系,促进业务协同和上下联动。加强城市自然人、法人信用体系建设,推进信用信息归集和加工应用,探索依法依规建立城市数字服务供应商信用承诺、守信激励、失信惩戒、信用修复的管理闭环。探索建设基于城市统一标识体系的"城市码",推进房屋建筑、重大项目等"落图+赋码"机制,形成"多码合一、一码互联"的服务治理体系。

五、丰富普惠数字公共服务

提升"一网通办"效能,以便民惠企为导向,探索政务服务增值化改革,拓展涉企服务广度和深度,推动政务服务从"能办"向"好办"转变,加大环节精简、流程优化再造,深入推进"高效办成一件事"基本覆盖城市公共服务高频事项。支持地方建立多元参与和公众监督机制,及时回应民众关切。探索以社会保障卡为载体建立居民服务"一卡通"模式。推动数字技术和教育、医疗、住房、就业、养老等公共服务融合,促进优质公共资源跨时空共享,提升服务资源覆盖面和均衡普惠度。加强数字化赋能保障性住房、城中村改造建设。推进适老助残无障碍设施与公共服务数字化改造,积极发挥社会和市场力量,助力重点人群跨越数字鸿沟。推动打造低成本、高体验、交互式的社区、居家智慧养老服务场景。普及数字生活智能化,加快智慧餐饮、智能出行、数字家庭、上门经济、即时零售等新场景建设,打造城市数字消费新地标。加强城市历史文化遗产保护传承数字化应用,以数字技术深入挖掘城市特色文化资源,丰富数字文创、数字内容等服务供给,发展智慧旅游。

美丽城市建设

六、优化绿色智慧宜居环境

提高生态环境监管治理协同水平，打造智慧高效生态环境数字化监测体系，加强跨部门生态治理业务集成和数据联动，支撑美丽城市建设。增强城市地理信息公共服务能力，加快提升国土空间基础信息平台智能化水平，建设国土空间规划实施监测网络，支撑自然资源和国土空间规划分析决策。积极发展绿色智慧协同模式，鼓励有条件地区推进省市县一体化碳达峰、碳中和数智化管理，开展重点行业和区域碳排放监测分析，在产业园区、商务区等建设零碳智慧园区、绿色智能建筑。建立多方参与的碳普惠机制，探索构建个人企业碳账户、碳足迹等数据空间应用。倡导绿色出行、数字消费等低碳生活方式，引导居民生活数字化、绿色化协同转型。

七、提升城市安全韧性水平

加强城市物理空间安全管理和安全风险态势感知，强化应急广播等城市安全风险预警信息发布手段，围绕"高效处置一件事"，完善城市常态事件和应急事件分类处置流程，打破城市管理条块分割和信息壁垒，构建全链条、全环节联动应急处置体系，实现弹性适应、快速恢复。加强城市数字空间安全管理，健全完善网络安全监测预警和应急处置机制，构建城市网络运行安全管理体系，提升通信网络韧性。加快推进城市数据安全体系建设，依法依规加强数据收集、存储、使用、加工、传输、提供、公开等全过程安全监管，落实数据分类分级保护制度，压实数据安全主体责任。加强个人隐私保护。推进建设有韧性的城市数据可信流通体系，健全数据要素流通领域数据安全实时监测预警、数据安全事件通报和应急处理机制。

第二节 全方位增强城市数字化转型支撑

实现城市数字化转型，是智慧高效城市建设的技术基础。数字基础设施的建设完善和数据要素赋能体系的构建，能极大增强现代城市数字化转型的支撑。[①]

一、建设完善数字基础设施

深入实施城市云网强基行动，加快建设新型广播电视网络，推进千兆城市建设，探索发展数字低空基础设施。统筹推进城市算力网建设，实现城市算力需求与国家枢纽节点算力资源高效供需匹配，有效降低算力使用成本。建设数据流通利用基础设施，促进政府部门之间、政企之间、产业链环节间数据可信可控流通。加快推动城市建筑、道路桥梁、园林绿地、地下管廊、水利水务、燃气热力、环境卫生等公共设施数字化改造、智能化运营，统筹部署泛在韧性的城市智能感知终端。推动综合能源服务与智慧社区、智慧园区、智慧楼宇等用能场景深度耦合，利用数字技术提升综合能源服务绿色低碳效益。推动新能源汽车融入新型电力系统，推进城市智能基础设施与智能网联汽车协同发展。

二、构建数据要素赋能体系

加快推进数据产权、流通交易、收益分配、安全治理等制度建设，促进数据要素高效流通和使用。加快完善省、市两级政务数据平台，整合构建全国一体化政务大数据体系。关联贯通政务数据资源，推进城市重点场景业务数据"按需共享、应享尽享"。有序推动公共数据开放。构建动态更新、分类分级的数据资源管理体系，建立健全数据质量评估评价机制，推动数据管理国家标准贯标评估工作，定期开展数据质量评价。

第三节　全过程优化城市数字化转型生态

数字化转型生态是智慧高效城市建设的基础。一个完善的数字化转型生态，

[①] 参见：国家发展改革委 国家数据局 财政部 自然资源部关于深化智慧城市发展 推进城市全域数字化转型的指导意见[EB/OL]. （2024-05-14）[2025-01-26]. https://www.gov.cn/zhengce/zhengceku/202405/content_6952353.htm.

美丽城市建设

能够支撑智慧城市建设，提升城市运行效率和公共服务水平。建立健全相关制度规范，建立完善的城市数据运营体系，加速数字一体化发展，才能为建设智慧高效城市提供保障。[①]

一、推进适数化制度创新

鼓励城市开展管理服务手段、管理服务模式、管理服务理念的适数化变革，建立健全相关制度规范，完善规则规范和运行流程体系。探索央地协同推进数字化变革与制度创新。推动完善公共数据管理和授权运营法规政策，细化完善配套措施。推进标准建设应用，加快城市数字化转型规划设计、数据互操作、数字孪生、运营运维等标准规范研制，推动标准符合性检测认证，促进城市全域数字化转型规范化、高质量发展。

二、创新运营运维模式

加快建立城市数据资源运营、设施运营、服务运营体系，探索新型政企合作伙伴机制，推动政府、企业、科研智库和金融机构等组建城市数字化运营生态圈，打造多元参与、供需对接、价值驱动的社会长效运营机制，探索建立结果导向型运营预算和考核机制，加大政府购买服务力度。统筹推进城市公共数据授权运营。探索建立统一规范的城市运维体系，构建城市运行和治理智能中枢等系统与部门业务需求、市民企业反馈相互贯通、迭代优化的运维机制。支持各地创新一体化、规范化运维管理机制，逐步形成各类数字资源统一编目、配置、运维闭环。

三、推动数字化协同发展

推动城市群数字一体化发展，在长三角、粤港澳大湾区等城市群推动数字基础设施优化布局，强化数据要素共享利用、数字服务普惠共享、数字治理高效协同。推动数字经济东西部协作，开展共建数字产业园区、数字消费帮扶等活动，加强先

[①] 参见：国家发展改革委 国家数据局 财政部 自然资源部关于深化智慧城市发展 推进城市全域数字化转型的指导意见[EB/OL]. （2024-05-14）[2025-01-26]. https://www.gov.cn/zhengce/zhengceku/202405/content_6952353.htm.

进规划理念、建设经验、管理模式的复制推广。弥合城乡数字鸿沟，统筹推进智慧城市与数字乡村协同建设，推动城乡数字设施共享、数据资源整合，产业生态互促、公共服务共用。开展城市全域数字化转型国际合作，支持建立数字化合作伙伴关系，大力发展数字贸易。

第四节　推进新型城市基础设施建设打造韧性城市

新型城市基础设施是建设智慧高效城市的"底座"。推动新一代信息技术与城市基础设施建设深度融合，推动城市基础设施数字化改造，构建智能高效的新型城市基础设施体系，持续提升城市设施韧性、管理韧性、空间韧性，才能推动城市安全发展。[①]

一、实施智能化市政基础设施建设与改造

深入开展市政基础设施普查，建立设施信息动态更新机制，全面掌握现状底数和管养状况。编制智能化市政基础设施建设和改造行动计划，因地制宜对城镇供水、排水、供电、燃气、热力、消火栓（消防水鹤）、地下综合管廊等市政基础设施进行数字化改造升级和智能化管理。加快重点公共区域和道路视频监控等安防设备智能化改造。加快推进城市基础设施生命线工程建设，新建市政基础设施的物联设备应与主体设备同步设计、同步施工、同步验收、同步投入使用，老旧设施的智能化改造应区分重点、统筹推进，逐步实现对市政基础设施运行状况的实时监测、模拟仿真、情景构建、快速评估和大数据分析，提高安全隐患及时预警和事故应急处置能力，保障市政基础设施安全运行。建立涵盖管线类别齐全、基础数据准确、数据共享安全、数据价值发挥充分的地下管网"一张图"体系，打造地下管网规划、建设、运维、管理全流程的基础数据平台，实现地下管

---

① 中共中央办公厅　国务院办公厅关于推进新型城市基础设施建设打造韧性城市的意见[EB/OL]．（2024-12-05）[2025-01-26]. https://www.gov.cn/gongbao/2024/issue_11766/202412/content_6993325.html.

美丽城市建设

网建设运行可视化、三维立体、智慧管控。强化燃气泄漏智能化监控，严格落实管道安全监管巡查责任，切实提高燃气、供热安全管理水平。落实居民加压调蓄设施防淹和安全防护措施，加强水质监测，保障供水水质安全。加强对城市桥梁、隧道等设施的安全运行监测。统筹管网与水网、防洪与排涝，健全城区排涝通道、泵站、闸门、排水管网与周边江河湖海、水库等应急洪涝联排联调机制，推动地下设施、城市轨道交通及其连接通道等重点设施排水防涝能力提升，强化地下车库等防淹、防盗、防断电功能。

二、推动智慧城市基础设施与智能网联汽车协同发展

以支撑智能网联汽车应用和改善城市出行为切入点，建设城市道路、建筑、公共设施融合感知体系。深入推进"第五代移动通信（5G）+车联网"发展，逐步稳妥推广应用辅助驾驶、自动驾驶，加快布设城市道路基础设施智能感知系统，提升车路协同水平。推动智能网联汽车多场景应用，满足智能交通需求。加强城市物流配送设施的规划、建设、改造，建设集约、高效、智慧的绿色配送体系。加快完善应急物流体系，规划布局城市应急物资中转设施，提升应急状况下城市物资快速保障能力。加快停车设施智能化改造和建设。聚合智能网联汽车、智能道路、城市建筑等多类城市数据，为智能交通、智能停车、城市管理等提供支撑。

三、提升房屋建筑管理智慧化水平

建立房屋使用全生命周期安全管理制度。依托第一次全国自然灾害综合风险普查数据和底图，全面动态掌握房屋建筑安全隐患底数，重点排查老旧住宅电梯、老旧房屋设施抗震性能、建筑消防设施、消防登高作业面和疏散通道等安全隐患，形成房屋建筑安全隐患数字档案。建立房屋建筑信息动态更新机制，强化数据共享，在城市建设、城市更新过程中同步更新房屋建筑的基础信息与安全隐患信息，逐步建立健全覆盖全面、功能完备、信息准确的城市房屋建筑综合管理平台。健全房屋建筑安全隐患消除机制，提高房屋建筑的抗震、防雷、防火性能，坚决防止房屋安全事故发生。

四、推动智能建造与建筑工业化协同发展

培育智能建造产业集群，打造全产业链融合一体的智能建造产业体系，推动建筑业工业化、数字化、绿色化转型升级。深化应用建筑信息模型（BIM）技术，提升建筑设计、施工、运营维护协同水平。大力发展数字设计、智能生产和智能施工，加快构建数字设计基础平台和集成系统。推动部品部件智能化生产与升级改造。推动自动化施工机械、建筑机器人、三维（3D）打印等相关设备集成与创新应用。推进智慧工地建设，强化信息技术与建筑施工管理深度融合，进一步提升安全监管效能。

五、完善城市信息模型（CIM）平台

加强国土空间规划、城市建设、测绘遥感、城市运行管理等各有关行业、领域信息开放共享，汇聚基础地理、建筑物、基础设施等三维数据和各类城市运行管理数据，搭建城市三维空间数据模型，提高城市规划、建设、治理信息化水平。因地制宜推进城市信息模型平台应用，强化与其他基础时空平台的功能整合、协同发展，在政务服务、公共卫生、防灾减灾救灾、城市体检等领域丰富应用场景，开展城市综合风险评估，统筹利用地上地下空间，合理划定防灾避难空间，为科学确定不同风险区的发展策略和风险防控要求提供支撑，提高城市空间韧性。

六、搭建完善城市运行管理服务平台

加强对城市运行管理服务状况的实时监测、动态分析、统筹协调、指挥监督和综合评价，推进城市运行管理服务"一网统管"。加快构建国家、省、城市三级平台体系，加强与城市智能中枢等现有平台系统的有效衔接，实现信息共享、分级监管、协同联动。完善城市运行管理工作机制，加强城市运行管理服务平台与应急管理、工业和信息化、公安、自然资源、生态环境、交通运输、水利、商务、卫生健康、市场监管、气象、数据管理、消防救援、地震等部门城市运行数据的共享，增强城市运行安全风险监测预警能力。开展城市运行管理服务常态化综合评价，实现

美丽城市建设

评价结果部门间共享。

七、强化科技引领和人才培养

组织开展新型城市基础设施建设基础理论、关键技术与装备研究，加快突破城市级海量数据处理及存储、多源传感信息融合感知、建筑信息模型三维图形引擎、建筑机器人应用等一批关键技术。建立完善信息基础数据、智能道路基础设施、智能建造等技术体系，构建新型城市基础设施标准体系。依托高等学校、科研机构、骨干企业以及重大科研项目等，加大人才培养力度，注重培养具有新一代信息技术、工程建设、城市管理、城市安全等多学科知识的复合型创新人才。

八、创新体制机制

创新管理手段、模式和理念，探索建立新型城市基础设施建设的运作机制和商业模式。创新完善投融资机制，拓宽投融资渠道，推动建立以政府投入为引导、企业投入为主体的多元化投融资体系。通过地方政府专项债券支持符合条件的新型城市基础设施建设项目，鼓励通过以奖代补等方式强化政策引导。按照风险可控、商业自主的原则，优化金融服务产品，鼓励金融机构以市场化方式增加中长期信贷投放，支持符合条件的项目发行基础设施领域不动产投资信托基金（REITs）。创新数据要素供给方式，细化城市地下管线等数据共享规定，探索建立支撑新型城市基础设施建设的数据共享、交换、协作和开放模式。加强数据资源跨地区、跨部门、跨层级共享利用，夯实城市建设运营治理数字化底座，充分依托底座开发业务应用，防止形成数据壁垒，避免开展重复建设。鼓励先行先试，积极探索创新，及时形成可复制、可推广的经验做法。

九、保障网络和数据安全

严格落实网络和数据安全法律法规和政策标准，强化信息基础设施、传感设备和智慧应用安全管控，推进安全可控技术和产品应用，加强对重要数据资源的安全保障。强化网络枢纽、数据中心等信息基础设施抗毁韧性，建立健全网络和数据安全应急体系，加强网络和数据安全监测、通报预警和信息共享，全面提高新型城市基础设施安全风险抵御能力。

第五节 建立现代化生态环境监测体系

智慧高效的生态环境数字化监测能够优化城市环境治理，提高资源利用效率，推动城市的可持续发展。随着技术的不断进步，生态环境监测数智化转型加速推进，为智慧城市建设提供更加强有力的支撑。[①]

一、健全天空地海一体化监测网络

1. 统一规划布局

优化全国生态环境监测网络的顶层设计，构建央地融合、部门协同的全国生态环境监测"一张网"。国家监测网聚焦国家重大战略需求，客观反映全国及重点区域流域海域生态环境状况，满足生态环境质量评价考核的需要。地方监测网点位布设重点向区县、乡镇、农村延伸，覆盖百姓身边的中小河流和岸滩海湾，客观反映本地生态环境状况。各地严格按照统一的管理制度、运行规范和质控要求运行管理监测网络，大气污染防治重点区域加快实现乡镇监测站点全覆盖。实行全国生态环境监测站点逐级备案，推动跨部门监测网络共建共享，避免低水平重复建设。

2. 提高一体化水平

持续完善全要素、全地域生态环境监测网络，实现天空地海全覆盖。将卫星、航空、地基等遥感监测更好融入全国生态环境监测网络体系，推动多技术手段融合组网，实现手段一体化。统筹评价排名、调查评估、污染治理、应急预警等不同管理目的，综合设置监测点位，实现功能一体化。探索建立跨介质、多指标监测站点，实现介质一体化。推动京津冀及周边地区、长江经济带、黄河流域、粤港澳大

---

① 参加：关于印发《关于加快建立现代化生态环境监测体系的实施意见》的通知[EB/OL]. （2024-03-04）[2025-01-26]. https://www.gov.cn/zhengce/zhengceku/202403/content_6939814.htm.

美丽城市建设

湾区、成渝等区域一体化监测网络建设。鼓励有条件的地方开展一体化监测试点。

3. 促进提质增效

推动监测网络从数量规模型向质量效能型转变。分批实施国家空气、地表水自动监测智能化改造，具备数据有效性自动审核、人员操作规范性智能识别、数据篡改报警留痕和风险预警人机交互功能。加大环境质量未达标和改善成效不稳固地区的监测强度，削减稳定达标区域监测规模。运用固定与机动监测相结合、例行与调查监测相结合的方式，震慑"选择性治理"和"躲避式排放"现象。

4. 推进联网共享

确立分级管理、实时传输的联网机制，实现全国生态环境质量监测数据应联尽联。国家和省级生态环境部门建立监测数据资源平台，制定系统完整的数据资源目录，加强数据汇聚与治理，满足大数据关联分析和深度挖掘的需求。完善生态环境监测数据共享相关制度，通过公开发布、系统查询、数据接口等多样化方式，提高国家、区域流域、省市间监测数据共享交换能力。

二、塑造数智化监测技术新优势

1. 完善监测技术体系

推进数字化技术在生态环境监测实时感知、采样分析、质量控制、数据处理、综合评价、应急预警、集成共享等全链条中的深度应用，构建科学先进、系统完善的现代化监测技术体系，实现监测技术、标准、方法、装备的内在协调和统一。

2. 突破一批关键技术应用

加强多源异构数据融合技术研究，实现卫星遥感与地面监测、传感器等多手段融合监测的一体化分析评价，支撑大气污染联防联控、"三水"统筹、陆海统筹、水土协同、生态保护等管理需求。加强大数据、大模型技术应用，提高环境质量预测预报和环境风险监测预警水平。引导现场直读监测仪器小型化、集成化技术攻关，提高便携式监测仪器精度，提升污染源自动监测设备可靠性和防干扰性，支撑环境执法、应急、精细化管控等管理需求。推进机器视觉、声纹识别技术在生物多样性监测和噪声监测中的应用。

3. 加速新技术标准化进程

明确监测网络、站房、设施智能化改造技术要求，加快水质自动采样、自动实验室分析系统等先进技术与现行监测标准的衔接。加强污染物排放快速筛查、现场检测、复杂指标评估等监测方法研发。优化监测标准管理机制，发挥部属单位、科研院所、省级监测机构技术优势和专家智库作用，组织开展监测标准预研究，强化重点急需领域监测标准体系建设。

4. 提升装备自主化水平

加大政策支持力度，引导支持企业加强高新监测仪器自主研发，并推进在生态环境质量监测、执法监测、应急监测中应用。建立新型监测技术装备跟踪与评估机制，联合高等院校、科研院所、骨干企业等共建监测装备研发与应用创新基地。推进生态环境监测相关卫星立项、研制、发射及应用，加快形成全方位、高精度、短周期遥感监测能力。

三、强化高水平监测业务支撑

1. 开展美丽中国监测评价

研究美丽中国监测评价指标体系，制定美丽中国监测评价办法，以监测结果客观反映美丽中国建设标志性成效，努力实现"美丽中国哪儿美，监测数据告诉您"。优化自然本底、重大自然灾害、跨境传输等非人为因素影响的监测数据统计规则，以"人努力"为导向，科学评价生态环境保护状况。

2. 支撑持续深入打好污染防治攻坚战

加强重点区域空气质量与颗粒物组分、挥发性有机物组分协同监测和质控，完善沙尘监测网络，提升长时间、高精度的空气质量预测预报能力。持续推进噪声监测自动化，稳步开展振动、光、氨气、恶臭污染物等监测。深化长江流域水生态考核监测试点，建立完善汛期污染强度和入河入海排污口监测评估体系，组织开展新三湖、老三湖等重点湖库水生态监测。推动建立海湾生态环境调查评价体系，加强红树林、海藻床等重点海洋生态系统健康状况监测。健全分级分类的地下水环境监测评价体系，加强土壤污染重点监管单位周边环境监测和农业面源监测，因地制宜

美丽城市建设

组织开展工业园区、交通污染、秸秆焚烧、重金属、典型城镇污水处理厂、黑臭水体等专项监测。

3. 强化生态质量监督监测

以自然保护地、生态保护红线、国家重点生态功能区、滨海湿地岸线及国家重大战略区域为重点，开展全覆盖、高频次遥感监测和地面校验，提升主动发现生态破坏问题的监测能力。深化区域生态质量评价，组建生态质量监测网，开展常态化地面监测，助力提升生态系统多样性、稳定性、持续性。推进国家级自然保护区视频监控设备联网组网。研究重大建设项目生态环境影响跟踪监测与评估。提升青藏高原等生态脆弱区、气候敏感区典型生态系统监测覆盖能力，积累长时间监测数据。

4. 推进减污降碳协同监测

按照国家监督、省级组织、市县实施的模式，规范开展执法监测和排污单位自行监测监督检查、指导帮扶，与排污许可管理和环境执法有效联动。推动完善排污单位自行监测管理制度与技术要求，督促排污单位加强自行监测设备监控与数据联网。强化污染排放数据与企业生产状况、污染治理设施运行、用水用电用能等信息的综合分析，加强敏感区域遥测巡测，提升环境违法线索侦察识别和追因溯源能力。深化碳监测评估试点，推动逐步纳入常规监测体系筹实施。拓展重点行业企业二氧化碳和甲烷排放监测试点范围，深入开展监测与核算数据分析、比对、评估，加强实测手段与结果在企业碳排放量核算和数据质量监管中的应用。组建多尺度温室气体监测网络，持续推进二氧化碳和甲烷等大气温室气体地面与遥感监测、重要陆海生态系统碳汇监测试点，提升大气污染物和温室气体排放融合清单编制能力。

5. 加强生态安全风险监测预警

综合利用现有生态环境监测资源，优化生态安全风险立体监测网络。围绕新污染物治理与履约需求，加强内分泌干扰物、抗生素、微塑料等新污染物监测，持续开展持久性有机污染物、汞、消耗臭氧层物质和氢氟碳化物履约成效评估监测。加强辐射环境监测，研究开展环境健康风险监测。推进跨省区应急监测支援和保障基地建设，定期组织应急监测演练和培训。按要求开展危险废物利用处置设施环境监测。

四、筑牢高质量监测数据根基

1. 健全质量管理制度

运用信息化手段健全"人机料法环测"全过程质量管理体系，重点完善自动监测质量管理体系。定期组织能力验证考核、实验室间比对和监督指导检查，推动质量管理体系有效运行。地方生态环境部门建立健全社会生态环境监测（运维）活动监管机制，探索监测报告定期抽查、记录反溯和信用管理等制度，结合检查结果实施差异化管理。

2. 提高质控技术水平

加强生态环境监测仪器安装验收、量值溯源、比对核查等关键环节的质量控制，规范监测标准物质（标准样品）技术要求。健全现场监测设备量值溯源技术体系，加强现场采样过程质量控制。提升质控信息化、智慧化水平，实现监测活动全程受控、监测信息可追溯防篡改。

3. 严厉打击数据造假

建立健全打击第三方环保服务机构数据造假部门协作机制，加强对生态环境领域检验检测等第三方环保服务机构的监督检查，加大监测数据弄虚作假等违法违规行为查处力度。督促排污单位在监测站房、排放口等关键位置安装视频监控设施，严禁擅自改动采样探头、监测设备和仪器参数等。地方生态环境部门应采取有效措施预防和震慑针对国控、省控等环境质量监测站点的人为干扰行为，落实日常巡检要求，开展专项检查。对发生人为干扰行为的国控站点，严格执行有关规定进行数据统计、排名通报，守住国家网"一方净土"。

4. 引导市场有序发展

各地生态环境部门要持续推动社会监测机构信息公开，鼓励将监测服务企业纳入环保信用评价范围，促进形成一批专业化、优质化的社会监测机构。各地建立弄虚作假等违法违规监测行为有奖举报制度，加大典型案例通报力度，推进监测设施

美丽城市建设

向公众开放，形成监督合力。

五、推进高效能监测管理

1. 完善国家监测格局

在推动出台生态环境监测条例及相关配套制度，完善政府主导、部门协同、企业履责、社会参与、公众监督的"大监测"格局下，各地推动制定生态环境监测地方性法规。强化国家和区域流域海域生态环境监测机构能力，理顺"一总多专、分区布局"的业务运行机制。充分发挥生态环境监测质控与应急等创新基地作用，完善海洋生态环境监测业务体系与监测基地建设。

2. 强化省域统筹协调

省级生态环境部门统筹强化辖区内生态环境监测资源和力量配置，因地制宜建立驻市生态环境监测机构与市级生态环境部门协调配合机制，组织协调有关部门和社会化监测力量协同加强监测服务供给。省级生态环境监测机构与其他事业单位整合设置的，保持监测体系完整顺畅。各省在生态环境或生态文明统筹协调机制中增加生态环境监测内容，加强统一监督管理。

3. 理顺市域运行机制

市级生态环境部门要切实强化市级以下监测机构能力建设，结合基础条件整合建设一批能力较强的综合性、特色化监测站，建立健全监测与执法、应急协调配合机制，加快满足本级执法监测、应急预警等支撑需求。区县监测机构暂不具备能力的，市级生态环境部门可委托驻市监测机构开展监测并保障相应经费。驻市监测机构除完成省级任务外，还要按需求做好属地监测工作，同时对市级以下监测机构开展质量监督检查、业务指导和技术培训。

第七章 花园城市

花园城市是通过将城市功能和乡村自然环境有机结合，创造出既有城市便利又具备乡村宁静和自然美的理想居住环境的城市发展模式。其核心是强调功能混合与有序布局、大量绿地与公共空间、自给自足的社区、人与自然和谐共生、交通便捷与合理规划。通过深入挖掘自然山水价值，用好丰富的历史文化资源，因地制宜、科学合理配置资源要素，推动花园城市高品质建设，推动人居环境高质量发展与建设，建设美丽城市。[①]

第一节　深化城市空间格局

优化城市空间格局，可以促进城市环境的改善，提升城市的空间利用效率，使城市更加宜居、绿色，有力支撑花园城市建设。

一、构建空间格局

在建设花园城市进程中，要强化国土空间规划和用途管控，根据城市的战略定位，坚持生态安全格局和全域空间管控，统筹协调跨区域空间联动，因地制宜、精准施策，推进空间格局优化，引导核心区、中心城区、城市副中心、多点和一区合

---

① 参见：中共北京市委办公厅 北京市人民政府办公厅关于深化生态文明实践推动首都花园城市建设的意见[EB/OL].（2024-03-29）[2025-01-26]. https://www.beijing.gov.cn/zhengce/zhengcefagui/202403/t20240329_3604329.html；本章内容以《北京花园城市专项规划（2023年—2035年）》为范例，参见：北京市人民政府关于印发《北京花园城市专项规划（2023年—2035年）》的通知[EB/OL].（2024-04-25）[2025-01-26]. https://www.beijing.gov.cn/zhengce/zfwj/zfwj2016/szfwj/202404/t20240425_3638156.html.

美丽城市建设

理规划建设，融合城市发展变迁的历史和现代化城市的生态文明建设，打造现代化的花园城市。

二、优化自然要素管控

1. 打造大绿大美绿色屏障

以建设森林城市为牵引，完善森林城镇为主体、森林村庄和花园式单位为基础的花园城市森林建设体系。将留白增绿与造林绿化建设精准挂钩，科学引导造林空间优先向市域战略性绿色空间布局，营造大尺度绿色空间，提升重要生态廊道的完整性、连通性。构建物种丰富、结构稳定的植物群落，持续提升山区森林生态系统稳定性和健康度，提升平原森林近自然化水平。

2. 夯实大地田园景观基底

坚决落实最严格的耕地保护制度，严守永久基本农田保护红线，坚持耕地数量、质量、生态"三位一体"保护。有序推进复垦复耕，有效保障耕地保护空间。

夯实花园城市大地田园景观基底。充分衔接永久基本农田连片区划定、区级林田空间引导等工作，以"调、补、复"结合的方式对耕地保护空间布局进行调整优化。优化空间格局，提升耕地质量。在永久基本农田集中连片区域，适度营造"田间岛屿"，恢复田间生物群落和生态链，建设健康稳定的田园生态系统，实现田成方、林成网、林田交融的景象。

加强田园景观建设。推进农业文化遗产保护与修复，打造田园综合体。建立农田生态景观示范点和集聚连片的休闲农业示范区，打造特色田园景观。深度挖掘乡村特色资源，发展城郊农业生态休闲旅游业。

3. 构建水绿联通生态网络

花园城市的市域水空间格局，构建由水体、滨水绿化廊道、滨水空间共同组成的蓝网系统。改善流域生态环境，恢复历史水系，提高滨水空间品质，将蓝网建设成为服务市民生活、展现城市历史与现代魅力的亮丽风景线。

推进水生态环境整体改善，完善花园城市健康蓝色基底。加强统筹流域上下游、地表地下水和水陆空间，在满足防洪排涝安全的前提下，恢复纵向、横向和垂直的近自然水文过程。保护自然和重要人工水域、坑塘滩地等湿地系统，实施湿地保护修复工程。

推动景观水体质量持续提升。在满足防洪排涝安全的前提下，避免对河湖进行硬质化、渠化、横向拦挡等非生态化改造，保护水体生态岸线，增强生态自净能力，提高区域污水处理能力，逐步恢复水生态系统功能。

营造水清岸绿、安全舒适、开敞宜人的滨水空间，加强水陆统筹，合理划定滨水生态缓冲带，因地制宜开展河道与滨水绿地的融合设计。保障河流廊道两侧绿色空间面积比例，提升廊道连通性。中心城区通过拆违腾退增加滨水绿带实施率，确保滨水空间的可达性、开放性。

4. 完善休闲游憩绿色网络

整合破碎绿地斑块，形成大尺度集中连片的生态绿地，持续建设和完善公园绿地，拓展城市绿色空间。将具有休闲游憩功能的近郊多元绿色空间纳入全市公园体系。充分利用城市拆违腾退地、边角地、废弃地、闲置地以及道路两旁等绿化空间，实施见缝插绿，营造城市森林，增加社区公园、游园、口袋公园和小微绿地等绿色空间，建设群众身边的公园绿化活动场地。

加强对城市绿线的保护和管理，优化城市绿地布局，结合体育、文化等多元功能设施，完善休闲游憩绿色网络。

5. 强化生态保护红线管理

严格生态控制线体系管控，遏制建设用地蔓延，保持适宜的生态环境。坚守底线，严守生态保护红线，落实"三区三线"管控要求，严格控制与生态保护无关的建设活动，确保区域生态空间只增不减。

生态保护空间纳入具有特殊重要生态功能、必须强制性严格保护的区域，包括具有重要水源涵养、生物多样性维护、水土保持、防风固沙等功能的生态功能重要区域及生态环境敏感脆弱区域。以生态保育为目标，管控好位于生态保护红线内的园林绿化资源，后续逐步将符合条件的区域纳入生态保护红线，实行严格保护与管理。

美丽城市建设

三、优化市域结构性绿色空间

1. 提高城市公园品质

结合拆违建绿，整合分散绿地斑块，形成大尺度集中连片的生态绿地，提升绿色空间比例，完善公园连通性，强化对周边城市组团的渗透与融合，将绿色生态引入城市，发挥良好的绿地冷岛功效。

2. 推动郊野公园建设

结合减量还绿，建设大尺度绿化空间，形成以郊野公园和城市森林、生态农业为主的环状绿化带，加强公园绿道、生态空间与新城地区的深度融合。进一步完善绿色空间平急转换机制，平时作为丰富市民生活的生态环境友好区，引入体育、文化等公共服务功能，丰富绿色生活新场景；及时承担隔离防护、防灾避难等功能，提高城市综合风险抵御能力。

3. 优化平原区及山区大斑块绿色空间

强化平原区耕地保护空间生态服务、城镇隔离、文化景观等功能，突出保障生物迁徙的重要农田廊道，营造"大田"开阔疏朗、金绿交织的田园风光。进一步提升山区质量，整合联通大斑块林地，推进森林风貌近自然化改造，建立更加稳定的生态系统。

四、做好分区引导

1. 中心城区

以大型生态空间塑造壮美绿色节点，以绿化隔离地区锚固生态空间基底，以花园场景塑造为抓手，推进城市各类空间进行花园化建设。统筹好生产、生活及生态空间，因地制宜塑造开放可达、全民共享的绿色空间。

2. 城市副中心

强化蓝绿交织、清新明亮、水城共融、多组团紧凑发展的城市空间布局，统筹大尺度绿色生态本底与新区建设，在新区建设中着力探索一系列新场景、新技术、新模式，实现"林水相依、绿带延绵、翠廊纵横、森林入城"的花园城市愿景。

3. 多点地区

多点地区是区域协同发展与综合治理的重要区域，作为耕地保护的主阵地，将成为林田交错、水系纵横的花园城市田园腹地。强化区域联动，加强森林、湿地、绿道建设，连通破碎斑块，推进土地综合整治和耕地复耕复垦，优化林田空间布局，保护、修复和治理水生态系统，推进河湖水系绿色生态走廊建设，推进人口、产业空间、居住空间与绿色空间的均衡布局。

4. 生态涵养区

生态涵养区是区域生态保护与协同治理的重要区域，是城市重要的生态屏障和水源保护地，是山水大观、生态优渥的花园城市基底。强化跨区域生态资源统筹和生态协同治理，继续做好自然保护地整合优化，推动自然保护地的保护与体系建设，完善生态服务功能，因地制宜构建绿色发展产业体系，不断提升山区整体生态屏障作用，保障城市长期可持续发展。

五、塑造丰富场景

1. 营造花园场景，落实花园城市规划要求

结合老旧小区、老旧平房院落、老旧厂房、低效产业园区、传统商业设施、老旧楼宇及其他重要的城市更新类型，形成花园住区、花园街道、花园乡村、花园场站、花园公共服务设施、花园商圈、花园办公、花园工厂等花园场景，推进城市空间花园化提升，加强街区统筹、网络构建、特色节点塑造，改善人居环境，完善城市功能，激发城市活力。

2. 提升居住品质，营造花园住区场景

结合老旧小区改造、平房院落改造等工作，持续推动花园住区场景建设。推进住宅节能改造，鼓励屋顶绿化和垂直绿化，合理引导居民参与阳台绿化，营造花园住宅。提升院落绿化水平，鼓励建设微花园，营造花园院落。统筹协调多方利益，合理利用闲置资源，花园式布局小区公共空间，完善服务设施，打造全龄友好的活动场所，通过街道、社区引导居民家庭园艺新理念和消费新体验，打造居家室内空间、阳台花园等家庭园艺生活场景，提升在地绿色生态水平，促进居民生理、心理

美丽城市建设

健康和社会健康，助力完善健康社区建设，营造花园小区。

3. 提升城市魅力，营造花园街道场景

结合背街小巷整治、重点大街改造及公共空间改造等工作，持续推动花园街道场景建设。推动街道一体化设计，整合道路红线内外空间资源，结合道路两侧功能，统筹绿化景观，营造花园街道。协调滨水空间与沿线城市功能，统筹各方利益，提升城市活力，营造花园滨水空间。

4. 保障公共服务品质，营造花园公共服务设施场景

结合公共空间改造和老旧低效楼宇改造等工作，持续推动花园公共服务设施场景建设。提倡校园内绿化空间营造，鼓励设置花园化课堂、花园化休息区，提供健康的学习环境，营造花园学校。提升大学绿化开放度与利用率，统筹考虑区域共享。提倡医院内设置花园空间，鼓励设置花园散步道，提供舒适的诊疗环境，营造花园医院。按照老年人的特征和需求，设置适老化空间，提升适老化设计标准，营造花园养老设施。鼓励文体设施的开放化、花园式改造，鼓励公园内合理设置文体场所和设施，营造花园文体设施。

5. 激发消费活力，营造花园商圈场景

加强商圈改造提升和新建培育，持续推动花园商圈场景建设，引导商圈提升景观绿化水平，鼓励设置花园广场、花园连廊、花园步行街，鼓励商业设施改造植入垂直绿化和屋顶绿化，精细化设计临街首层空间和城市阳台，塑造舒适宜人、精致通透的半室外空间。鼓励开展花园主题活动，探索多方共建模式。

6. 提升人才吸引力，营造花园办公场景

结合老旧低效楼宇改造和绿色建筑改造等工作，持续推动花园办公场景建设。统筹考虑产业功能与空间类型，提升园区内绿化景观水平，营造多元人性化的花园办公环境，提供舒适宜人的交流场所，鼓励办公楼外立面垂直绿化和屋顶花园的设置。

7. 激励自主更新，营造花园工厂场景

结合老旧厂区改造等工作，持续推动花园工厂场景建设。统筹考虑功能转型需求，在集约高效利用土地资源的基础上，提升厂区内绿化水平，优化植物配置，改

善厂区整体面貌，鼓励与城市共享绿色开放空间，灵活运用建筑设计改造方法，打造绿色节能厂房。探索鼓励政策，激发自主更新动力。

8. 优化城市形象，营造花园场站场景

结合公共空间改造等工作，持续推动花园场站场景建设。鼓励火车/汽车站前广场的景观化改造，营建开放便捷的花园交通场站。结合基础设施复合利用，推动设施一体化景观设计，化解邻避效应，营造花园市政场站。以景观化手段促进桥下等闲置空间的多元复合利用。

9. 助力乡村振兴，营造花园乡村场景

结合乡村振兴等工作，持续推动花园乡村场景建设。加强农村环境综合治理，统筹乡村建设空间与非建设空间，优化乡村空间布局，凸显村庄秩序与山水格局、自然环境的融合协调。建设一批助力花园城市彩化的花卉生产示范基地。完善美丽乡村规划建设管理机制，实现现代化生活与传统文化相得益彰，城市服务与田园风光内外兼备，建设绿色低碳田园美、生态宜居村庄美、健康舒适生活美、和谐淳朴人文美的美丽乡村和幸福家园。

第二节 彰显中华文化价值

中华文化强调的天人合一、和谐共生、道法自然，不仅为花园城市建设提供了生态智慧，也塑造了具有东方美学特色的城市形态，花园城市建设应更加注重中华文化价值的传承。

一、强化风貌特色

每一个城市都有自身独特的风貌特色塑造"山水形胜、古今交融、森拥园簇"特色风貌，深挖中华风光的文化精髓，顺应城市所在地区的气候特征，打造山水形胜的中华风光、古今交融的城市新韵、森拥园簇的生活画卷，彰显城市的风景壮美、景观嘉美、生活和美。

美丽城市建设

二、传承文化底蕴

强化城市的自然山水和历史文化的整体性。充分展示历史文化及其所依存的自然环境，保护与各类历史文化遗产演化发展紧密相关的自然环境，如山水格局、地形、历史古道、森林景观、农耕环境等，赓续保护对象与周边环境的依存关系。

优化与历史格局相关的景观环境。以绿色景观强化历史格局，塑造优良的传统绿化整体风貌。优化历史景观视廊，精细设计文化探访线路，保护好世界文化遗产、各级文物保护单位、历史文化街区、特色地区、历史文化名镇名村、传统村落、历史街巷等各类遗产的场所景观环境，彰显历史文化资源价值。

保护历史文化遗产所处的场所环境。对于各级文物保护单位、历史建筑、革命史迹等各类名城保护对象结合生态自然要素形成的历史场所，保留自身整体绿化，保护绿化景观与建筑相依的传统形式。保护好各类传统风貌地区的绿化形式，包括传统院落内庭院绿化，传统地区爬藤、花盆花架等绿化形式及形成的休闲空间，传统村落村口、村中心等地区古树大树下的文化场所与历史景观，传统村落庙前、影壁前等村内其他传统公共空间，形成文化氛围浓厚、历史记忆深厚的公共空间节点。推动历史名园的活化利用和开放展示，全面梳理现存资源，加强保护和管理，再现丰富的历史园林风貌。充分利用各类历史园林资源，发挥其在文化、生态、休闲等方面的重要作用。

提示传承历史记忆的文脉要素。针对已经消失的历史水系、城址遗存、门城节点等文脉场所，通过景观绿化、公共艺术等要素进行标识与提示，传承历史记忆。

注重古树名木保护和内涵深化。扩大古树名木保护名录，推动古树名木健康评估，保护危弱株，持续开展濒危衰弱古树名木抢救复壮，加强古树名木及生境整体保护，加大古树名木保护修复新理念、新技术、新材料等科学研究和应用力度，提高古树名木基因收集、保存、研究、扩繁水平。深入发掘古树名木历史文化内涵，保护传统树种，将部分承载着历史、文化、乡愁的具有一定代表性的知名、长寿、珍稀濒危物种、种质资源和地理标志、产地标志等经济树种中的珍贵单株，以及规划期内树龄接近百年的大树，经专家论证后按程序纳入古树保护范围，进行统一管理，恰当选用与地区文化相符的传统树种及种植方法。

三、彰显山水形胜

1. 凸显山形连绵壮丽

在有山脉地区，要凸显山形连绵壮丽，保护山脉连绵壮丽的轮廓线，精心构建"远山—近山—城廓"三个层次的山城景观格局，塑造好以大尺度山地植物景观为特色的浅山、深山、高峰多层次山体景观。

重点协调浅山山脊轮廓线与城市天际线的关系。通过视线组织引导建筑高度、第五立面、城市色彩管控，优化植被景观效果，形成近景城市建设与远景壮丽山峦相协调的特色天际线景观。

控制好山脚线和城镇开发边界的关系。有效保护山体，宜将山脚线外延20—50米作为保护范围，城镇集中建设区和村庄迁建新址应予以避让，塑造保育优先、过渡自然的山脚建设面。山脚线以上山地村镇布局应依山就势、适度分散布局，控制建筑高度和体量。

浅山区建成区应通过控制高度和屋顶形式改造等方式，优化对山脊线景观造成影响的建筑。小城镇集中建设区和农村地区层数要根据各城市实际确定。建筑顶部应错落有致，形成与山脊线相呼应的节奏秩序。宜控制好浅山区建筑连续面宽，处理好集中连片多层建筑的高度组合关系和第五立面效果。

2. 彰显水势壮阔蜿蜒

加强河道和大型水库周边建设管控及风貌引导。在生态段，结合大尺度滨水绿化，协调好水资源保护、防洪防涝功能与景观效果，注重野趣和原生态景观塑造。在城市段，注重滨河空间与河道两侧用地的空间融合与功能融合，完善滨水开放空间配套设施，由"水岸割裂"转向"水城共融"，推动景观滨水岸线融入城市空间。

四、构建景观视廊

1. 构建景观视廊体系

合理确定若干个战略级景观视点和战略级景观视廊，打造观格局、观山水、观

美丽城市建设

历史、观风景的四季景观视廊体系。依托城市高点形成观格局视廊，强化全局性的花园城市风貌管控，展现大开大合的城绿结构。依水面山形成观山水视廊，提升滨水空间观景环境，改善观山视线的通达性，打造山峰、水体、建筑等多景观相协调的视觉廊道。依托标志性历史场所形成观历史视廊，保护传统历史景观，合理利用自然与人文资源，营造历史文化氛围。依托进入城市交通通道形成观风景视廊，提升城市重要门户景观，优化建筑群与周边环境的融合度。

2. 塑造层次丰富的景观视廊界面

注重前、中、后景别的塑造，重点强化近景树木配置方法，发挥好中景建筑群的烘托作用，与远景山水共同呈现出城市之美的城市格局与古今交融的城市气质。

3. 塑造易达可感的观景场所

鼓励灵活设置各种形式的观景平台，为市民提供多元化的城市观景体验。在注重保护视线通达的基础上，完善视点周边停车、休憩等配套服务功能，提升观景区域的便利性和舒适性。鼓励各类城市公共建筑充分结合建筑设计和周边环境特色做好街道对景设计，结合建筑中庭、屋顶平台和外摆空间等形成观景场所。结合郊野公园、风景名胜区、森林公园等建设，合理布局森林服务驿站、观景平台、风雨亭等，加强山体在不同高度观景望城的场所设计，提升城市与自然的视线互动水平。

五、优化第五立面

1. 构建第五立面空间管控体系

塑造肌理清晰、整洁有序的第五立面空间秩序，营造与自然山水和谐相融、与历史文化交相辉映、具有高度可识别性的第五立面风貌特色。以景观视廊体系作为组织第五立面管控的重要工具，组织好建筑屋顶、街道、开敞空间、自然风貌、绿化植被和河湖水系等要素构成的整体环境。

2. 推动第五立面品质提升

将城市第五立面整治提升与城市更新、生态修复等工作相结合，加快推动技术创新，加强屋顶的净化、有序化和绿化工作。通过适当增加立体绿化、打造屋顶花园等方式，营造第五立面亮点，提升第五立面的整体品质。重点做好历史风貌地区、景观视廊区域及机场起降区域等区域的城市第五立面管控与优化工作。

六、加强全域彩化

1. 加强人工建设与自然景观融合，分区引导城市色彩

注重自然景观色彩与城市丹韵银律的色彩主基调相匹配。植被色彩应与城市中的建筑、铺装、设施、城市家具、广告牌匾等人工要素色彩和谐统一。深化落实城市色彩分区，传统文化色彩控制区植物配置应映衬当地传统的色彩主基调；现代色彩控制区、平原色彩控制区注重以植物搭配突出当代城市色彩特质，注重城市绿化层次的环境形态和季相呈现，映衬周边建筑环境；山区及山前色彩控制区应注重建成环境充分融入自然山水色彩，城市建筑用色应做到不突兀，避免使用低明度、高艳度色彩。

2. 结合四季变化与人文特征，引导植物色彩优化

以"春新彩、夏浓绿、秋斑斓、冬银墨"为主题，加强四季植物色彩搭配设计，强化立体感与层次感。按照低层深、上层浅，前景深、背景浅，绿色主体、彩色搭配的搭配方式，将树木和花卉色彩相互结合，塑造具有可识别性和感染力的景观场景。

第三节　统筹配置多元要素

统筹配置多元要素，可以实现城市空间优化、资源高效利用、宜居环境塑造，使市民时刻感觉生活在一个大花园之中，实现人与自然和谐共生。

一、完善绿色休闲体系

1. 构建多元绿色空间，提高人民群众绿色获得感

构建多元丰富、布局均衡、全民共享的花园城市绿色休闲游憩体系。贯彻"绿色+"理念，依托城乡公园系统、自然公园系统、绿道体系组成的公园游憩体系，

美丽城市建设

为市民休闲娱乐、康养健身、科普教育提供便捷服务，充分发挥生态环境健康效益。践行"+绿色"理念，推动城市各类用地的花园化改造，着力围绕百姓生活、生产等活动实现身边增绿、出门见绿。

2. 加强绿道连通作用，整合各类线性空间要素

强化绿道系统的骨架连通作用。统筹休闲绿道、滨水慢行道、旅游休闲步道、公园示范性绿道、森林步道、城市慢行线路、防火道等，形成连续开放、功能多元、布局均好、服务完备、安全智慧、特色鲜明、运维高效的全域绿道系统。依托绿道建设，有效整合沿线生态资源和公共空间，提升环境品质和服务效能。

3. 强调市级绿道骨干作用，分级推动绿道建设

市级绿道重在织补网络和串联骨架，依托市域生态资源与山水格局构建；区级绿道重在承上启下和彰显特色，结合地域特色环境与市民出行和休闲需求，构建促进区域连接、富有特点的区级绿道网络，发挥延展市级绿道、串接特色资源、构建绿脉经络、稳定生态格局的重要作用，衔接市级与社区级绿道；社区级绿道重在绿色延展和织补市民幸福生活，聚焦市民日常休闲、健身、通勤等需求，同时以多种形式开展社区级绿道建设，形成门对门、便捷可达且不断生长蔓延的绿色休闲网络。

4. 提升绿道服务效能，构建绿色休闲游憩活力圈

统筹引导绿道建设串联居住社区、就业组团，有效连通绿道使用终端，提高市民日常使用绿道的频次；串联文化资源、特色空间、重点功能区、商圈等活力场所，营造丰富的绿道使用场景。

统筹绿道与周边空间功能，推动绿道及沿线各类绿色空间与生活圈融合，构建绿色休闲游憩活力圈。重点激活绿色空间边界，实现生态与文化、体育、商业等城市功能的融合互动，打造绿色活力中心。完善绿色空间与周边地块之间的慢行系统，提升空间连通性。推动绿色空间向城市建设空间渗透，建立视线和公共空间廊道。

二、促进"三生空间"融合

1. 产绿融城，营造高品质生产生活空间

加强生产研发区域和绿色生态资源的融合，围绕科创研发、现代智造等产业功

能，创新建设空间与非建设空间的融合模式，完善产业服务和设施配套，统筹提升城市生态效益、经济效益和社会效益，营造人城产绿有机融合的高品质生产生活空间。以高品质城市设计加强城市各类用地之间的无界融合，打破各类用地间的屏障与隔阂，将城绿融合理念有效纳入国土空间规划编制体系的用地规划要求中。

2. 以绿活城，提升城市文化魅力

面向城市商圈和重要文化场所，塑造高品质绿色开放空间和休闲设施，承载多元功能，提升环境舒适性，激发场所活力，提升城市文化魅力。在城市环境中增加绿色空间和休闲设施供人停留与游憩。通过增加地表植被，提升可渗透性铺装和实土面积比例，降低"热岛"效应，为城市广场提供更多荫蔽空间。

3. 推动三网融合，实现绿色空间一体化设计与使用

加强城市道路慢行网、绿道网与滨水慢行网的衔接融合，开展三网一体化规划设计。通过断面一体化规划设计等措施，实现整体网络功能的深度完善与提质增效。通过三网融合满足多样化多功能慢行出行需求。通过打通断点和串联轨道站点、重要公共服务设施、公共空间等资源，减轻交通割裂，提升滨水空间慢行通道通达性。

4. 打开公园边界，实现全民共享

加强城市公园界面与城市界面的整合，释放公园内部生态景观。规划新建的各级各类公园应全面落实无界要求，实现无界开放。已建成的各级各类公园，除售票管理、文物保护、特殊安全防护等需要保留的围栏外，鼓励公园边界围栏应拆尽拆、宜减则减。对于保留围栏的，宜通过降低、退让等方式弱化公园物理边界，优化出入口设置，实现与周边各类设施空间的融合，减轻空间阻隔感，提升绿化感知度。

推进公园开放共享，拓展公园开放空间。鼓励公园中具备条件的草坪和林下空间向市民开放，建立开放草坪轮换养护管理机制，满足人们亲近自然的健康生活需求。根据市民需求和公园实际情况，完善休憩、文化、科普、阅读、健身等配套服务功能。

推进边界空间一体化改造，结合公园围栏拆除，统筹慢行空间、城市家具与绿

美丽城市建设

化景观，加强一体化区域建设标准、养护水平、智慧化管理等方面的技术支撑。

5. 加强建设用地内外绿化景观融合，活化地块边界

多种方式活化地块边界，推动地块内部绿化开放共享，加强空间一体化建设。引导附属绿地及其他绿色公共空间融入城市，整合地块退线空间，推动城市界面和街道环境美化。对于有条件的地块鼓励打开围墙，提升附属绿地的可进入性。鼓励商业地块首层界面开放，引导公共文化和体育设施开放高品质绿色空间，鼓励办公类建筑提供开放可停留的商务休闲空间，推进高校等"大院"逐步开放。

对于因功能不便开放的，鼓励通过围栏改造、爬藤植物、花箱等花园式改造方法，削弱地块边界的阻隔感，增强边界的透绿、显绿。

三、提升健康宜居水平

1. 增加小微绿地、社区花园和微花园

推进小微绿地建设，结合城市更新和公园服务"消盲"行动，通过腾退还绿、疏解建绿、见缝插绿等方式增加街角公园、口袋公园等小微绿地，满足市民就近休闲需求，美化城市景观。

推进社区花园建设，结合老旧小区改造和社区共建共治共享，根据居民日常生活需求，打造生境丰富、功能合理、规模适宜的社区花园，引导形式多元的阳台绿化，提升居住环境品质。

推进微花园建设，根据历史街区环境特色，延续传统庭院绿化与建筑共生的传统形态，保护爬藤、花盆、花架等绿化形式及形成的休闲空间。

2. 提升街道绿视率，加强绿色感知

推动中心城区重要道路的林荫化建设，提升各类街道的绿色公共服务能力。优化城市道路断面设计，结合城市更新对各类街道进行整体改造，鼓励完整林荫道建设。优化道路绿化带植物配置，增加绿化层次，提升街道绿化覆盖水平，增强骑行空间舒适度。

在一些传统的平房区推动"一院一树"行动，对拆违腾退后有条件的院落进行"一院一树"补植。通过在平房区合理设置垂直绿化、门前绿化、院落绿化，形

成由植物盆栽、花池、花坛、花架共同组成的街巷绿化景观，保护与延续老城大树遮阴的景观效果，加强绿化景观精细化建设，丰富绿化形式，提升人们的绿色获得感。

3. 引导室内与灰空间绿化，丰富绿色体验

提高公共建筑室内空间美化水平，倡导面向公众全面开放室内公共绿化空间。鼓励非公共建筑主动开放具有公共属性的绿化空间，增加日常生活场景中的绿化渗透度。充分挖掘、释放城市灰空间潜能，利用建筑架空空间、中庭和廊下空间、大型橱窗展示空间等增加绿化及公共空间，营造绿意盎然、公共活力的生态场景，有效提升日常生活环境的绿化水平。

4. 增强气候调节能力，改善城市微气候

提升城市绿化空间的生态服务能力，提高建成区公园绿地覆盖率。扩大"城市内部冷源"气候生态效应，重视中心城区水系及两侧绿带建设，适当增加主导风向的河道两侧规划绿化带宽度。优化城市道路断面设计，增加绿化空间，营造舒适宜人的通行环境。提升各类建设用地绿化水平，结合绿色建筑、绿色社区理念，有效改善城市微气候。

5. 注重环境健康价值，提升健康水平

强化城市绿化空间的康养功能，合理搭配植被景观，优化公共空间的人性化设计。加强绿色空间降噪隔离能力，营造舒适步行环境，优化城区内公园等开放空间，有效减少城市噪声对环境的影响。

加强城市植源性污染防治。全力推进乡土植物优良种质资源筛选和调查，因地制宜选择绿化树种、草种。加强对植物花粉过敏源的控制，减少在人行道、广场、游憩绿地等硬化比重较大地带以及城市绿地使用致敏树种，合理利用有机覆盖物覆盖城区绿地（包括草坪）和景观林地地表，适当增加城市水面，减少二次污染。

6. 注重景观美学价值，提升视觉感受

注重景观设计中的构图协调性和景别丰富性，优化空间比例关系，精细考量植物的选择和布局、铺装的质感、色彩和光线搭配等方面，增强景观的层次感和韵律

美丽城市建设

感。将景观设计融入当地历史文化，创造出富有文化底蕴、体现时代精神、承载城市记忆和乡愁的多元地域性景观环境，满足市民审美情趣和精神需求。

四、激发多元功能价值

1. 丰富绿色空间多元服务功能

促进全市公园服务体系多元化建设，推动儿童公园、运动公园建设，增加城市文化类公园的供给，为市民提供多元丰富的绿色活动场所。

不断完善城市公园服务设施，因地制宜设置慢跑径、自行车道、健身器材等体育健身设施。鼓励城市公园依法依规植入文化体验、配套服务、展览展示、自然科普、活动赛事等多元功能，激发公园活力。进一步整合绿地资源、优化服务功能，增强公园绿地的场地兼容性，实现丰富的服务供给。

统筹提升郊野公园生态、景观和游憩服务功能，完善休闲、科普、服务等各类设施。发挥森林、湿地等自然教育功能，适度融合科创、体育、亲子、科普功能，探索建立户外自然课堂、生态观察站等自然教育基地，推动郊野公园实现留白、留野、留趣。

统筹优化景观河道的滨河空间服务功能，提高河道的亲水性，结合社交休憩、运动健身、文化娱乐、观光旅游等需求，将水域空间、滨河绿带、滨水城市功能进行一体化设计，营造多元活动空间，鼓励有条件的水域组织以游船、骑行、步行、滑冰等为通行方式的文化探访路径、自然体验路径及水上游览路径。

2. 提升绿色空间立体分层利用水平

在保障绿地生态功能的基础上，鼓励通过分层出让等方式加强绿地地下空间利用。公园在建设中宜适度结合地下空间设置停车场、文化体育场馆等配套服务功能，进一步提升公园绿地空间品质和综合服务能力。

推动立体绿化拓展。鼓励有条件的各类建筑特别是文化建筑、公共建筑、停车场等建筑开展屋顶绿化、阳台绿化、建筑立面绿化，合理引导开展桥下空间绿化、过街天桥绿化、下沉广场绿化等，与城市公共空间结合，增加建设区范围内的绿地面积，提升城市立体空间的绿化品质和感知度。

3. 强化全龄友好的绿色建设要求

充分考虑各年龄段市民多样化的游憩需求，融入普惠大众、儿童友好、适老化设计和健康中国等理念，以生理、心理、社会交往等身心需求为导向，优化城市家具、景观设计、植物配置，提供健康、安全、便捷、适用的活动场所、服务设施和亲近自然的优美环境。

在空间设计和设施配置上，充分考虑弱势群体需求。针对老人、残障人士的活动场地应充分满足无障碍设计要求，儿童活动场地宜根据不同成长阶段的行为特征有区别、有层次地设计和建设。

4. 形成有序设置的城市家具体系

规范城市家具设置，优化城市公共空间城市家具秩序，重视城市家具设计，提升城市家具的美学与艺术品位。结合城市公共空间特质与绿化环境，统筹改善护栏设置与色彩选取，合理消除箱体和杆体对空间秩序的影响，优化亭、站等设置与设计，提升座椅、标牌等人性化水平。针对重点地区，深化设计要求，协调城市家具与周边环境的融合关系，体现地域文化特色。

5. 塑造富有特色内涵的公共艺术氛围

深入挖掘城市历史文化价值，推动公共艺术与花园环境的融合和互动。合理利用城市公园、广场、小微绿地、建筑前区等公共空间，结合雕塑等公共艺术，营造特色鲜明的花园场景。加强重点功能区、重要街道空间文化与景观综合设计，以公共艺术赋能花园城市。制定公共艺术百分比政策，逐步提升公共基础设施和城市环境的艺术品位，切实提高城市文化品位。

尊重自然环境，利用当地的资源和文化特点，打造出具有地域特色的大地艺术作品。通过探索"生态+公共艺术发展"模式，拓展生态产品价值实现的途径，实现生态修复效果从生态环境改善向综合效益提升转变。

五、改善生态服务效能

1. 推进自然带营建和再野化管理

积极推进自然带营建与再野化管理，在城市公园及绿地、郊野公园、平原生态

美丽城市建设

林、湿地等区域，充分结合自然生态条件，在人为干扰较少的水源、湖岛、湿地、山体或存有原生植被、古树名木的区域，建设保育小区、生态保育核、留野区等形式的自然带，改善野生动植物栖息环境，逐步恢复和完善城市生态系统。将生物多样性纳入城市公园建设相关要求，构建生物多样性友好公园，实现生物与人在城市立体空间中的时空错位和双赢共生。

2. 营建精野结合的社区自然生境花园

坚持人工与留野相结合，优化城区绿地植物配置，营造复层、混交、异龄的近自然森林群落，在有条件的区域将自然引入城市，构建城市生物多样性绿色基底。采用低维护、低干扰的生态管理理念，开展森林、园林废弃物循环利用和林地绿地土壤生态化养护，减少对近自然林人工干预，以保留森林的自然景色，维持生态系统功能。开展兼具生物栖息地、观赏和休闲功能的社区生境花园建设。

3. 推进符合地域季候的野生植物科研建设

遵循自然规律，科学配置园林绿化植物。开展城市树种规划，明确城市基调树种和一般性树种，合理制定树种比例。突出春花、夏荫、秋叶、冬枝等植物季相特征，改善冬季景观效果。

开展野生植物迁地保护、科学研究、科学传播、园林园艺展示和游览休憩等功能研究，进一步加强乡土植物品种、自生植被的利用和保护，推广抗逆性强、低成本、低耗水的园林植物应用，科学推进花粉等植源性污染协同治理。

4. 构建多维度生态多样性保护体系

构建生态廊道，连接生物多样性丰富的自然区域与城市社区。在城市建成区内通过种植特定品种的植物，吸引蜜蜂、蝴蝶等生物，创建自然栖息地。在生态保护红线范围内，以构建自然保护地体系为主要方式，构建山区生态多样性保护体系，为大型动物、野生植物提供繁衍栖息地。

引导建设有利于生境塑造的社区花园，提高食源蜜源树种比例，减少农药化肥使用，形成健康的食物链，为鸟类、昆虫以及小型野生动物等提供更好的食源、水源和栖息地。

5. 提高生态系统碳汇能力

大力发展绿色建筑，新建政府投资和大型公共建筑执行绿色建筑二星级及以上标准。积极推广超低能耗建筑，推广绿色低碳建材和绿色建造方式，进一步发展装配式建筑。建立建筑领域绿色低碳转型长效机制，在城市更新中持续推进建筑节能改造与可再生能源利用。按照碳达峰目标和阶段性要求，完善低碳建筑标准体系。

依托绿道体系等绿色空间建设，推动出行模式转变，减少交通碳排放。践行低碳理念，优化出行结构，加强自行车专用道和行人步道等城市慢行系统建设。

6. 优化植物配置，营建高碳汇植物群落

提升城市集中建设区绿地及其周边林地的增汇固碳作用，改善生态环境质量，平衡群落年龄结构，提高含碳率更高的植物占比，注重古树保护，加强人工造林中小树和低质低效林的抚育，形成高碳汇、低碳排的城市森林生态系统。减少林地养护产生的碳排放，控制植物移植、灌溉、施肥产生的碳排放，优先选择节水耐旱、易养护的植物，尽量减少化学肥料使用和不必要的移植、修剪。合理优化草地植被品种类型，科学提升草地固碳增汇能力。

六、提升安全韧性水平

1. 蓝绿空间环境品质与城市防洪防涝能力并重

衔接河湖水系规划，推进区域流域治理建设，开展防护性景观规划设计。河道在保障行洪能力的基础上，提升景观设计水平，注重亲水空间"平急两用"。针对规划的蓄滞洪区，应推动景观营造和精细化管理，注重平急转换能力。

2. 加强雨洪管理，推进海绵城市建设

推进景观集雨型公园绿地建设，采用雨水花园、下凹式绿地、人工湿地等建设方式，增强公园和绿地系统的城市海绵体功能，消纳自身雨水，并为蓄滞周边区域雨水提供空间，同时净化雨水水质。推行透蓄水型道路广场建设，增强道路绿化带对雨水的消纳功能，在非机动车道、人行道、停车场、广场等扩大使用透水铺装，提升对雨水的收集、净化和利用水平。推广绿色生态型建筑小区建设，全市新建、改扩建的建筑与小区宜优先采用雨水入渗、滞蓄系统，建筑屋面应采用环保型材料，具有大型屋

面的建筑宜设收集回用系统，鼓励屋顶绿化和垂直绿化等立体绿化建设。

3. 加强绿色空间复合利用，提升"平急两用"水平

根据应急避难场所专项规划，科学设置公园应急避难场所和设施，充分发挥好公园的应急避难能力，坚持平时与灾时相结合，在优先满足和重点保障安全的前提下，结合花园城市场景营造，地震应急避难空间尽量同时实现园林景观、生态环境、气候调节等多重功能。发挥大型郊野公园隔离防护、防灾避难等作用，引导大尺度公园绿地滨水地区因地制宜承担蓄洪（涝）区功能。前瞻性布局安全设施，提高城市的综合风险抵御能力，推进应对地震及其他灾害的应急避难场所建设，重点建设长期应急避难场所、综合应急救援基地。

4. 创新治理理念与方式，打造智慧花园城市发展样板

构建城市大脑，积极探索数字技术助力生态文明建设新模式，充分利用云计算、大数据、物联网、数字孪生等技术，对海量数据进行深度融合和分析，实现公共资源高效调配和城市事件精准处置。

构建花园城市管理数据库、花园城市人民满意度实时反馈与评价系统、花园城市治理智能调度平台、花园城市多场景智能感知系统，提升城市综合治理能力，推动数据融通与综合应用，提升区域精细化治理水平。构建花园城市投融资系统，综合产业发展、地理信息等数据资源，构建核心应用场景，为经济决策提供支持。构建城市重点领域安全生产风险监测预警系统，对城市生产安全工作实现日常管理和紧急状态下的高效应急指挥调度。

加强动植物科学化、数字化和智慧化管理。引入现代化信息技术和数据管理平台，建立完善的动植物档案和数据库，提供科学决策依据和管理指导。引入先进传感器技术和智能设备，监测环境温度、湿度等因素，实现对动植物的自动化管理。

第四节 提升治理水平

建设花园城市，必须合理规划、分步实施，建立合理的治理体制机制，促进多

方协同，提高城市的治理水平。

一、建立规划实施与监督管理闭环

1. 建立统筹推进工作机制

建立职责清晰、分工明确、权责匹配的花园城市统筹规划与实施工作机制，统筹协调花园城市规划、建设、评估、投资、运维等相关事项，研究解决实施过程中的重点难点问题。

针对花园城市建设工作中的新问题、新需求，强化各级政府和多部门协同机制，统一思想、深化认识，立足责任边界，在广泛征求意见、充分凝聚共识的基础上推进花园城市建设与运营。

压实政府主体责任，发挥基层政府作用，建立街道搭台、社区协作、专业力量支持、社会公众参与的基层花园城市推进机制。深化责任规划师、责任建筑师、街道园林园艺管家、社区园艺师等制度建设，制定工作清单、工作手册，明确权责与工作内容。

2. 坚持试点先行先试

发挥试点先行、示范带动作用，开展花园城市示范项目试点工作，强化规划引导与政策支持，精准探索实施机制，实现重点突破与创新，为全面推动花园城市建设提供可复制、可推广的示范和标杆。

3. 强化体检评估

完善花园城市场景指引和指标体系，跟踪花园城市建设动态，强化花园城市体检评估，围绕花园场景开展优秀案例评选，建立激励机制，推动各项任务落地见效。

4. 注重政策创新

探索非建设空间土地政策改革创新，推动公园与绿道配套服务设施建设等政策研究。制定与花园城市建设要求相匹配的公园管理和运营政策，探索社会资本参与公园运营的路径。从市民关注的问题与使用需求出发，开展宠物友好、电动轮椅入园等问题研究，制定开放共享理念下的公园管理办法。

美丽城市建设

二、明确重点任务

1. 系统推进花园城市规划编制、管理和实施

落实生态环境分区管控要求，强化规划引领，系统推进花园城市在规划编制、管理和实施体系中的落实。制定花园城市规划实施的行动计划和方案，编制花园城市场景营造规划设计指引，在各级各类国土空间规划实施过程中纳入花园城市建设要求，在街区控制性详细规划、规划综合实施方案等工作中落实花园城市专项规划有关要求。在编制各级非建设空间规划、生态修复规划、韧性城市规划和城市设计、城市更新等工作中落实花园城市专项规划有关要求。

2. 促进花园城市高品质建设，制定政策清单

积极探索花园城市规划设计、建设实施和管理维护等环节的相关技术标准和创新政策，研究花园城市建设在功能混合、配套设施、地下空间利用等方面的政策需求，加大社会共治、社会资本准入、生态价值转化、美丽经济培育等方面的相关政策支持力度，激发多元空间和要素价值，推进可持续建设，推动相关法规、标准的修订、完善与更新工作。

3. 推动花园城市重点任务落实，制定实施任务清单

统筹推进布置的重点任务，推进重点地区和重大工程建设，提升重点功能区绿色空间建设水平，提高生态、生活、生产空间的融合度，塑造多元花园场景。

4. 衔接各部门工作，落实花园城市建设要求

逐步建立健全跨部门协同合作平台，在花园城市规划实施工作中，加强园林绿化部门与规划和自然资源等相关行业主管部门的工作衔接。将花园城市专项规划有关要求融入城市更新、公共空间改造、乡村振兴、商圈改造、"平急两用"设施建设等相关工作，推动城市建设品质提升。

5. 结合城市更新行动等工作，持续推进花园场景建设

结合城市更新行动、背街小巷治理等重点工作，持续推进各类花园场景建设先行先试，制定花园场景技术指引，总结花园场景营造模式与实施路径。

三、创新城市运营模式

1. 建立全民参与机制

凝聚社会发展共识，引导市民参与花园城市建设。开展"全民义务植树进社区"活动，鼓励居民认建认养林木绿地。推广"人人是园丁"参与模式，引导居民参与小区、阳台和屋顶绿化的设计、建设和管理。调动群团组织和社会组织等社会力量，鼓励基层探索创新，形成可复制、可推广的经验和做法。

发挥专业技术人员的沟通纽带作用。建立志愿者参与机制，推动责任规划师、责任建筑师、街道园林园艺管家、社区园艺师等专业人员指导项目实施。

2. 加强宣传和科普教育

加强花园城市宣传，引导全社会关注、支持、参与花园城市建设工作。通过多元活动形式，搭建个人、高校、企事业单位、专业技术团体可参与的花园城市设计评选平台，推动创意设计成果落地应用。依托"植树日""国际生物多样性日""国际湿地日""六五环境日""全国生态日"等时间节点，拓展宣传渠道，传播花园城市建设理念，投放公益广告、宣传视频、宣传册等，加强花园城市科普教育。

3. 激发市场活力

积极探索投融资新模式，鼓励社会资本参与，拓宽花园城市建设资金来源。探索绿色金融，发展绿色金融产品服务，有效拓宽绿色项目的融资渠道。引入绿地养护市场化机制，提升绿化管理效能。调动各领域企业的参与积极性，组建商户共治或企业共治委员会，鼓励园林绿化、环境保护、房地产、文化旅游等企业以提供服务、参与运营、宣传推广等多种方式参与花园城市建设。及时总结推广各企业各单位经验做法，发挥示范作用，引领和推动花园城市建设。

根植美丽经济，优化和升级现有花卉市场、花店、园艺驿站消费服务模式，打造"园艺+"跨界融合业态和新型商业综合体。将园艺产品融入商超、便利店、菜市场、加油站、街边公园等15分钟社区生活圈，激发家庭园艺消费潜力。

美丽城市建设

4. 塑造城市品牌

鼓励各类城市绿色空间与新业态联动，融合在地文化，结合文化、体育、科普等资源组织特色活动、挖掘文化亮点、策划文创品牌，植入多元化的运维方式，提供高品质、高参与度的特色空间及设施，打造城市品牌。

第八章

城市环境基础设施

城市环境基础设施是指支持城市生态环境保护、资源循环利用的城市基础设施。一个完善有效的城市环境基础设施能提高城市宜居性，改善生态环境质量，促进资源高效利用，推动循环经济发展，增强城市抵御自然灾害的能力，提高生态安全水平，推动绿色低碳转型，建设美丽城市。①

第一节 加快补齐城市环境基础设施短板

建设美丽城市需要完善的环境基础设施来支撑，当前许多城市在污水处理、垃圾分类和处理、固废危废处置等方面仍存在短板，加快补齐这些短板能够提升城市宜居性。

一、补齐污水收集处理利用能力短板

1. 健全污水收集处理及资源化利用设施

推进城镇污水管网全覆盖，推动生活污水收集处理设施"厂网一体化"。加快建设完善城中村、老旧城区、城乡接合部、建制镇和易地扶贫搬迁安置区生活污水收集管网。加大污水管网排查力度，推动老旧管网修复更新。长江干流沿线地级及以上城市基本解决市政污水管网混错接问题，黄河干流沿线城市建成区大力推进管网混错接改造，基本消除污水直排。统筹优化污水处理设施布局和规模，大中

---

① 参见：国务院办公厅转发国家发展改革委等部门《关于加快推进城镇环境基础设施建设指导意见》的通知[EB/OL]．（2022-02-09）[2025-01-26]. https://www.gov.cn/zhengce/content/2022-02/09/content_5672710.htm．

美丽城市建设

型城市可按照适度超前的原则推进建设，建制镇适当预留发展空间。京津冀、长三角、粤港澳大湾区、南水北调东线工程沿线、海南自由贸易港、长江经济带城市和县城、黄河干流沿线城市实现生活污水集中处理能力全覆盖。因地制宜稳步推进雨污分流改造。加快推进污水资源化利用，结合现有污水处理设施提标升级、扩能改造，系统规划建设污水再生利用设施。

2. 提升生活污水收集处理及资源化利用设施建设水平

加快建设城中村、老旧城区、城乡接合部、县城和易地扶贫搬迁安置区生活污水收集管网，填补污水收集管网空白区。开展老旧破损污水管网、雨污合流制管网诊断修复更新，循序推进管网改造，提升污水收集效能。因地制宜稳步推进雨污分流改造，统筹推进污水处理、黑臭水体整治和内涝治理。加快补齐城市和县城污水处理能力缺口，稳步推进建制镇污水处理设施建设。结合现有污水处理设施提标升级扩能改造，加强再生利用设施建设，推进污水资源化利用。推进污水处理减污降碳协同增效，建设污水处理绿色低碳标杆厂。统筹推进污泥处理设施建设，加快压减污泥填埋规模，提升污泥无害化处理和资源化利用水平。强化设施运行维护，推广实施"厂—网—河（湖）"一体化专业化运行维护模式。[①]

二、补齐生活垃圾分类和处理能力短板

1. 逐步提升生活垃圾分类和处理能力

建设分类投放、分类收集、分类运输、分类处理的生活垃圾处理系统。合理布局生活垃圾分类收集站点，完善分类运输系统，加快补齐分类收集转运设施能力短板。城市建成区生活垃圾日清运量超过300吨的地区加快建设垃圾焚烧处理设施。不具备建设规模化垃圾焚烧处理设施条件的地区，鼓励通过跨区域共建共享的方式建设。按照科学评估、适度超前的原则，稳妥有序推进厨余垃圾处理设施建设。加强可回收物回收、分拣、处置设施建设，提高可回收物再生利用和资源化水平。

---

① 参见：国家发展改革委等部门关于印发《环境基础设施建设水平提升行动（2023—2025年）》的通知[EB/OL]．（2023-08-24）[2025-01-26]．https://www.gov.cn/zhengce/zhengceku/202308/content_6899984.htm．

2. 提升生活垃圾分类处理设施建设水平

加快完善生活垃圾分类设施体系，合理布局建设收集点、收集站、中转压缩站等设施，健全收集运输网络。加快补齐县级地区生活垃圾焚烧处理能力短板，鼓励按照村收集、镇转运、县处理或就近处理等模式，推动设施覆盖范围向建制镇和乡村延伸。积极有序推进既有焚烧设施提标改造，强化设施二次环境污染防治能力建设，逐步提高设施运行水平。因地制宜探索建设一批工艺成熟、运行稳定、排放达标的小型生活垃圾焚烧处理设施。稳妥推进厨余垃圾处理设施建设。规范开展库容已满生活垃圾填埋设施封场治理。改造提升现有填埋设施，防止地下水污染，加强填埋气回收。[①]

三、补齐固体废物处置能力短板

1. 持续推进固体废物处置设施建设

推进工业园区工业固体废物处置及综合利用设施建设，提升处置及综合利用能力。加强建筑垃圾精细化分类及资源化利用，提高建筑垃圾资源化再生利用产品质量，扩大使用范围，规范建筑垃圾收集、贮存、运输、利用、处置行为。健全区域性再生资源回收利用体系，推进废钢铁、废有色金属、报废机动车、退役光伏组件和风电机组叶片、废旧家电、废旧电池、废旧轮胎、废旧木制品、废旧纺织品、废塑料、废纸、废玻璃等废弃物分类利用和集中处置。

2. 提升固体废弃物处理处置利用设施建设水平

积极推动固体废弃物处置及综合利用设施建设，全面提升设施处置及综合利用能力。优化布局建设建筑垃圾中转调配、消纳处置和资源化利用设施，积极推进建筑垃圾分类及资源化利用，加快形成与城市发展需求相匹配的建筑垃圾处理设施体系。统筹规划建设再生资源加工利用基地，加强再生资源回收、分拣、处置设施建设，加快构建区域性再生资源回收利用体系，提高可回收物再生利用和

---

① 参见：国家发展改革委等部门关于印发《环境基础设施建设水平提升行动（2023—2025年）》的通知[EB/OL]. （2023-08-24）[2025-01-26]. https://www.gov.cn/zhengce/zhengceku/202308/content_6899984.htm.

美丽城市建设

资源化水平。①

四、补齐危险废物、医疗废物处置能力短板

1. 强化提升危险废物、医疗废物处置能力

全面摸排各类危险废物产生量、地域分布及利用处置能力现状，科学布局建设与产废情况相匹配的危险废物集中处置设施。加强特殊类别危险废物处置能力，对需要特殊处置且具有地域分布特征的危险废物，按照全国统筹、相对集中的原则，以主要产业基地为重点，因地制宜建设一批处置能力强、技术水平高的区域性集中处置基地。积极推进地级及以上城市医疗废物应急处置能力建设，健全县域医疗废物收集转运处置体系，推动现有医疗废物集中处置设施提质升级。

2. 提升危险废物和医疗废物等集中处置设施建设水平

强化特殊类别危险废物处置能力建设，强化危险废物源头管控和收集转运等过程监管，提升危险废物环境监管和风险防范能力。健全医疗废物收转运处置体系，深化医疗废物处置特许经营模式改革，确保各类医疗废物应收尽收和应处尽处。②

第二节　着力构建一体化城市环境基础设施

建设美丽城市需要多系统融合，高效、绿色、低碳、智能的城市运行体系需要构建一体化城市环境基础设施予以支撑。

一、推动环境基础设施体系统筹规划

突出规划先行，按照绿色低碳、集约高效、循环发展的原则，统筹推进城镇环

---

① 参见：国家发展改革委等部门关于印发《环境基础设施建设水平提升行动（2023—2025年）》的通知[EB/OL].（2023-08-24）[2025-01-26]. https://www.gov.cn/zhengce/zhengceku/202308/content_6899984.htm.

② 参见：国家发展改革委等部门关于印发《环境基础设施建设水平提升行动（2023—2025年）》的通知[EB/OL].（2023-08-24）[2025-01-26]. https://www.gov.cn/zhengce/zhengceku/202308/content_6899984.htm.

境基础设施规划布局，依据城市基础设施建设规划、生态环境保护规划，做好环境基础设施选址工作。鼓励建设污水、垃圾、固体废物、危险废物、医疗废物处理处置及资源化利用"多位一体"的综合处置基地，推广静脉产业园建设模式，推进再生资源加工利用基地（园区）建设，加强基地（园区）产业循环链接，促进各类处理设施工艺设备共用、资源能源共享、环境污染共治、责任风险共担，实现资源合理利用、污染物有效处置、环境风险可防可控。持续推进县域生活垃圾和污水统筹治理，支持有条件的地方垃圾污水处理设施和服务向农村延伸。

二、强化设施协同高效衔接

发挥环境基础设施协同处置功能，打破跨领域协同处置机制障碍，重点推动市政污泥处置与垃圾焚烧、渗滤液与污水处理、焚烧炉渣与固体废物综合利用、焚烧飞灰与危险废物处置、危险废物与医疗废物处置等有效衔接，提升协同处置效率。推动生活垃圾焚烧设施掺烧市政污泥、沼渣、浓缩液等废弃物，实现焚烧处理能力共用共享。对于具备纳管排放条件的地区或设施，探索在渗滤液经预处理后达到环保和纳管标准的前提下，开展达标渗滤液纳管排放。在沿海缺水地区建设海水淡化工程，推广浓盐水综合利用。

三、开展园区环境基础设施建设水平提升行动

积极推进园区环境基础设施集中合理布局，加大园区污染物收集、处理、处置设施建设力度。推广静脉产业园建设模式，鼓励建设污水、垃圾、固体废弃物、危险废物、医疗废物处理处置及资源化利用"多位一体"的综合处置基地。推进再生资源加工利用基地（园区）建设，加强基地（园区）产业循环链接，促进各类处理设施工艺设备共用、资源能源共享、环境污染共治、责任风险共担，实现资源合理利用、污染物有效处置、环境风险可防可控。[①]

[①] 参见：国家发展改革委等部门关于印发《环境基础设施建设水平提升行动（2023—2025年）》的通知[EB/OL]. （2023-08-24）[2025-01-26]. https://www.gov.cn/zhengce/zhengceku/202308/content_6899984.htm.

美丽城市建设

四、开展监测监管设施建设水平提升行动

全面推行排污许可"一证式"管理,建立基于排污许可证的排污单位监管执法体系和自行监测监管机制。严格落实生活垃圾焚烧厂"装、树、联"要求,强化污染物自动监控和自动监测数据工况标记,加强对焚烧飞灰处置、填埋设施渗滤液处理的全过程监管。完善国家危险废物环境管理信息系统,实现危险废物产生情况在线申报、管理计划在线备案、转移联单在线运行、利用处置情况在线报告和全过程在线监控。健全污水处理监测体系,强化污水处理达标排放监管。鼓励各地根据实际情况对污泥产生、运输、处理进行全流程信息化管理,做好污泥去向追溯。[①]

第三节 推动城市环境基础设施智能绿色升级

智能化、绿色化是现代城市环境基础设施升级的方向,通过数字技术赋能,提高环境治理效率,同时推动低碳、绿色发展,助力美丽城市建设。

一、推进数字化融合

充分运用大数据、物联网、云计算等技术,推动城镇环境基础设施智能升级,鼓励开展城镇废弃物收集、贮存、交接、运输、处置全过程智能化处理体系建设。以数字化助推运营和监管模式创新,充分利用现有设施建设集中统一的监测服务平台,强化信息收集、共享、分析、评估及预警,将污水、垃圾、固体废物、危险废物、医疗废物处理处置纳入统一监管,加大要素监测覆盖范围,逐步建立完善环境基础设施智能管理体系。加快建立医疗废物信息化管理平台,提高医疗废物处置现代化管理水平。加强污染物排放和环境质量在线实时监测,加大设施设备功能定期排查力度,增强环境风险防控能力。

---

① 参见:国家发展改革委等部门关于印发《环境基础设施建设水平提升行动(2023—2025年)》的通知[EB/OL].(2023-08-24)[2025-01-26]. https://www.gov.cn/zhengce/zhengceku/202308/content_6899984.htm.

二、提升绿色底色

采用先进节能低碳环保技术设备和工艺，推动城镇环境基础设施绿色高质量发展。对技术水平不高、运行不稳定的环境基础设施，采取优化处理工艺、加强运行管理等措施推动稳定达标排放。强化环境基础设施二次污染防治能力建设。加强污泥无害化资源化处理。规范有序开展库容已满生活垃圾填埋设施封场治理，加快提高焚烧飞灰、渗滤液、浓缩液、填埋气、沼渣、沼液处理和资源化利用能力。提升再生资源利用设施水平，推动再生资源利用行业集约绿色发展。

第四节　提升城市环境基础设施运营市场化水平

随着城市化进程的加快，环境基础设施建设与运营已成为美丽城市建设的重要支撑。通过市场化改革，提升运营效率，可以有效提高环境基础设施的服务质量。

一、营造规范开放市场环境

健全城市环境基础设施市场化运行机制，平等对待各类市场主体，营造高效规范、公平竞争、公正开放的市场环境。鼓励技术能力强、运营管理水平高、信誉度良好、有社会责任感的市场主体公平进入环境基础设施领域，吸引各类社会资本积极参与建设和运营。完善市场监管机制，规范市场秩序，避免恶性竞争。健全市场主体信用体系，加强信用信息归集、共享、公开和应用。

二、推行环境污染第三方治理

鼓励第三方治理模式和体制机制创新，按照排污者付费、市场化运作、政府引导推动的原则，以园区、产业基地等工业集聚区为重点，推动第三方治理企业开展专业化污染治理，提升设施运行水平和污染治理效果。深入推行环境污染第三方治理示范园区。

美丽城市建设

三、开展环境综合治理托管服务

鼓励大型环保集团、具有专业能力的环境污染治理企业组建联合体，按照统筹规划建设、系统协同运营、多领域专业化治理的原则，对区域污水、垃圾、固体废物、危险废物、医疗废物处理处置提供环境综合治理托管服务。开展环境综合治理托管服务试点，积极探索区域整体环境托管服务长效运营模式和监管机制。开展生态环境导向的开发模式项目试点。

第五节 健全推进城市环境基础设施建设保障体系

城市环境基础设施的有效运行是保证美丽城市建设的基础，必须健全推进城市环境基础设施保障体系的建设，确保城市环境基础设施高效建设与稳定运营。

一、加强科技支撑

完善技术创新市场导向机制，强化企业技术创新主体地位，加大关键环境治理技术与装备自主创新力度，围绕厨余垃圾、污泥、焚烧飞灰、渗滤液、磷石膏、锰渣、富集重金属废物等固体废物处置和小型垃圾焚烧等领域存在的技术短板，征集遴选一批掌握关键核心技术、具备较强创新能力的单位进行集中攻关。完善技术创新成果转化机制，推动产学研用深度融合，支持重大技术装备示范应用，强化重点技术与装备创新转化和应用示范，着力提高环保产业技术与装备水平。

二、健全价格收费制度

完善污水、生活垃圾、危险废物、医疗废物处置价格形成和收费机制。对市场化发展比较成熟、通过市场能够调节价格的细分领域，按照市场化方式确定价格和收费标准。对市场化发展不够充分、依靠市场暂时难以充分调节价费的细分领域，兼顾环境基础设施的公益属性，按照覆盖成本、合理收益的原则，完善价格和收费标准。积极推行差别化排污收费，建立收费动态调整机制，确保环境基础设施可持续运营。有序推进建制镇生活污水处理收费。推广按照污水处理厂进水污染物浓度、污染物削减量等支付运营服务费。放开再生水政府定价，由再生水供应企业和用户按照优质优价的原则自主协商定价。全面落实生活垃圾收费制度，推行非居民用户垃圾计量收费，探索居民用户按量收费，鼓励各地创新生活垃圾处理收费模式，不断提高收缴率。统筹考虑区域医疗机构特点、医疗废物产生情况及处理成本等因素，合理核定医疗废物处置收费标准，鼓励采取按重量计费方式，具备竞争条件的，收费标准可由医疗废物处置单位和医疗机构协商确定。医疗机构按照规定支付的医疗废物处置费用作为医疗成本，在调整医疗服务价格时予以合理补偿。

三、加大财税金融政策支持力度

落实环境治理、环境服务、环保技术与装备有关财政税收优惠政策。对符合条件的城镇环境基础设施项目，通过中央预算内投资等渠道予以支持，将符合条件的项目纳入地方政府专项债券支持范围。引导各类金融机构创新金融服务模式，鼓励开发性、政策性金融机构发挥中长期贷款优势，按照市场化原则加大城镇环境基础设施项目融资支持力度。在不新增地方政府隐性债务的前提下，支持符合条件的企业通过发行企业债券、资产支持证券募集资金用于项目建设，鼓励具备条件的项目稳妥开展基础设施领域不动产投资信托基金（REITs）试点。

四、完善统计制度

充分运用现有污水、垃圾、固体废物、危险废物、医疗废物统计体系，加强统计管理和数据整合，进一步完善环境基础设施统计指标体系。加强统计能力建设，提高统计数据质量。强化统计数据运用和信息共享。对工作量大、技术要求高、时效性强的有关统计工作，鼓励采取政府购买服务方式，委托第三方机构开展。

附　录

美丽城市建设参考指标

序号	维度	目标要求	说明
1	维度一：绿色低碳	绿色生产	①目标解释：碳排放量管理优于全国或全省平均水平，有明确的碳排放量管控目标并得到有效落实，能耗强度处于全国领先水平 ②参考指标：单位地区生产总值二氧化碳排放降低（%）、单位地区生产总值能源消耗降低（%）、碳市场覆盖行业单位产出碳排放降低（%） ③计算方法：指单位地区生产总值二氧化碳排放量下降幅度、单位地区生产总值能源消耗量下降幅度、全国碳市场覆盖行业的单位产品二氧化碳排放量下降幅度，适用于市域范围 ④负责部门：生态环境部门、发展改革部门
2	维度一：绿色低碳	低碳建设	①目标解释：有明确的低碳建设目标，并得到有效落实 ②参考指标：社区低碳能源设施覆盖率（%）、绿色建筑面积占比（%） ③计算方法：城区内配备充电站（桩）、换电站、分布式能源站等低碳能源设施的社区数量占社区总数的百分比；城区内绿色建筑占城区建筑总面积的比例，适用于城区范围 ④负责部门：住房和城乡建设部门
3	维度一：绿色低碳	绿色生活	①目标解释：城市居民广泛形成绿色生活方式 ②参考指标：年人均二氧化碳排放量（吨）、绿色出行比例（%） ③计算方法：全市年总二氧化碳排放量与全市常住人口的比值，适用于市域范围；居民使用城市轨道交通、公共汽电车、自行车和步行等绿色出行方式的出行量占全部出行量的比例，适用于城区范围 ④负责部门：发展改革部门、交通运输部门、住房和城乡建设部门

附 录

续表

序号	维度	目标要求	说明
4	维度二：环境优美	空气清新	①目标解释：城市空气质量稳定达标，完成国家下达的各项空气质量考核任务 ②参考指标：《环境空气质量标准》（GB3095-2012）规定的6项基本污染物 ③计算方法：城区污染物年均浓度平均值，适用于城区范围 ④负责部门：生态环境部门
5	维度二：环境优美	水体洁净	①目标解释：城市水环境、水生态达到"清水绿岸、鱼翔浅底、人水和谐"的美丽河湖、"水清滩净、鱼鸥翔集、人海和谐"的美丽海湾建设要求，城区水环境实现长治久清 ②参考指标：城区内美丽河湖建设情况、近岸海域水质优良比例（%，沿海城市） ③计算方法：流经或位于城区的水体建成美丽河湖比例，适用于城区范围；沿海城市近岸海域达到Ⅰ类和Ⅱ类海水水质目标的面积占全市管理海域面积的比例，适用于市域范围 ④负责部门：生态环境部门
6		土壤安全	①目标解释：确保建设用地符合土壤环境质量要求，有效管控建设用地土壤污染风险，保护人体健康和周边环境安全 ②参考指标：重点建设用地安全利用情况 ③计算方法：计算重点建设用地安全利用率，依据《中华人民共和国土壤污染防治法》和重点建设用地安全利用指标核算方法等有关文件，落实了土壤污染风险管控和修复措施的地块数占总地块数的百分比，适用于城区范围 ④负责部门：生态环境部门、自然资源部门
7	维度三：生态宜居	空间有序	①目标解释：城市生态空间布局合理，提高市民生活质量，提升城市宜居品质 ②参考指标：蓝绿空间比例（%）、城区15分钟社区生活圈覆盖率（%） ③计算方法：城区各类绿地和水域总面积占城区总面积的百分比；城区15分钟社区生活圈的各类服务设施和服务项目可覆盖的社区个数占社区总个数的比例，适用于城区范围 ④负责部门：自然资源部门、住房和城乡建设部门

195

美丽城市建设

续表

序号	维度	目标要求	说明
8	维度三：生态宜居	生态优良	①目标解释：城市生态系统持续稳定 ②参考指标：城市生态功能指数 ③计算方法：参照《区域生态质量评价办法（试行）》中的"区域生态质量评价指标体系"，适用于城区范围 ④负责部门：生态环境部门
9		宁静和谐	①目标解释：推动解决群众身边的噪声等生态环境问题，切实提升居民幸福感 ②参考指标：城市声环境功能区夜间达标率（%） ③计算方法：城市声环境功能区夜间时段评价结果，达标的监测站（点）数量占符合数据有效性规定的有效监测站（点）总数的百分比，适用于城区范围 ④负责部门：生态环境部门
10		安居无废	①目标解释：推动固体废物源头减量、资源化利用和无害化处理，促进城市绿色发展转型，提高城市生态环境质量，提升城市宜居水平 ②参考指标："无废城市"建设进展情况 ③计算方法：依据"无废城市"建设进展评价有关文件计算得到的评价分数，适用于市域范围 ④负责部门：生态环境部门等
11		绿色旅游	①目标解释：城市积极贯彻绿色发展理念，推动绿色旅游发展，提高美丽城市的知名度和美誉度 ②参考指标：城市积极发展绿色旅游的情况 ③计算方法：包括打造形成美丽城市相关文化旅游品牌，相关探索实践入选文化和旅游部绿色旅游发展案例等，适用于市域范围 ④负责部门：文化和旅游部门

续表

序号	维度	目标要求	说明
12	维度四：安全健康	环境健康	①目标解释：持续改善城市空气质量、水环境质量、土壤环境质量等环境因素对公众健康的影响 ②参考指标：环境健康风险源管控率（%） ③计算方法：依据环境健康风险源识别与分级有关技术指南确定本行政区环境健康风险源分级情况，其中较高风险等级及以上的风险源被纳入环境监管重点单位名录的比例，适用于市域范围 ④负责部门：生态环境部门
13		生物多样	①目标解释：不断提升城市生物多样性管理水平，持续保护城市本地濒危物种，野生动植物资源保护管理成效显著，有效管控外来物种入侵 ②参考指标：本土物种生物多样性水平 ③计算方法：依据生物多样性调查研判本土物种情况以及外来入侵物种情况，适用于市域范围 ④负责部门：生态环境部门、林业和草原部门、进出口监督管理部门、住房和城乡建设部门、农业农村部门
14		城市韧性	①目标解释：持续提升城市韧性，增强城市应对气候变化能力 ②参考指标：城区透水面积占比（%） ③计算方法：透水表面面积占总城区面积的比例，适用于城区范围 ④负责部门：自然资源部门

美丽城市建设

续表

序号	维度	目标要求	说明
15	维度五：智慧高效	设施完善	①目标解释：城市基础设施建设逐步完善，基础设施运行更加高效 ②参考指标：城市生活污水集中收集率（%） ③计算方法：报告期内向污水处理厂排水的城区人口占城区用水总人口的比例，适用于城区范围 ④负责部门：住房和城乡建设部门
16		感知高效	①目标解释：提升城市精细化治理能力，增强突发事件应对能力 ②参考指标：生态环境监测网络覆盖情况 ③计算方法：统计城市生态环境监测体系在大气、水、土壤和地下水、海洋、声、辐射、新污染物、生态质量监测等方面的监测要素数量、监测站点密度、监测体系情况，适用于市域范围 ④负责部门：生态环境部门
17		管理智能	①目标解释：提升城市治理效能，加快智慧城市建设 ②参考指标：城市智慧环保信息平台应用场景（个） ③计算方法：统计城市智慧环保信息平台应用场景个数，适用于市域范围 ④负责部门：生态环境部门
18		公众满意	①目标解释：畅通美丽城市建设公众参与渠道，提升公众参与度，充分吸纳群众意见 ②参考指标：公众对城市生态环境满意度（%） ③计算方法：通过梳理近年生态环境类信访投诉举报情况、问卷抽样调查和舆情分析情况，分析了解公众对美丽城市建设成效的满意程度，适用于城区范围 ④负责部门：生态环境部门

资料来源：2025年1月生态环境部等11个部门制定的《美丽城市建设实施方案》附件。

参考文献

[1] 杭州市人民政府办公厅关于推进海绵城市建设的实施意见[EB/OL].（2016-04-29）[2025-01-26]. https://www.hangzhou.gov.cn/art/2016/4/29/art_1163983_3774.html.

[2] 国务院办公厅关于印发湿地保护修复制度方案的通知[EB/OL].（2016-12-12）[2025-01-26]. https://www.gov.cn/zhengce/content/2016-12/12/content_5146928.htm.

[3] 国务院办公厅关于促进全域旅游发展的指导意见[EB/OL].（2018-03-22）[2025-01-26]. https://www.gov.cn/zhengce/zhengceku/2018-03/22/content_5276447.htm.

[4] 湖南省人民政府办公厅关于加快推进生态廊道建设的意见[EB/OL].（2018-12-25）[2025-01-26]. https://www.hunan.gov.cn/hnszf/xxgk/wjk/szfbgt/201812/t20181225_5249434.html.

[5] 国家发展改革委关于印发《绿色生活创建行动总体方案》的通知[EB/OL].（2019-11-05）[2025-01-26]. https://www.gov.cn/xinwen/2019-11/05/content_5448936.htm.

[6] 省政府关于推进绿色产业发展的意见[EB/OL].（2020-03-27）[2025-01-26]. https://www.js.gov.cn/art/2020/4/1/art_46143_9029775.html.

[7] 科技部关于印发《国家高新区绿色发展专项行动实施方案》的通知[EB/OL].（2021-02-02）[2025-01-26]. https://www.most.gov.cn/xxgk/xinxifenlei/fdzdgknr/fgzc/gfxwj/gfxwj2021/202102/t20210202_172685.html.

[8] 农业农村部　自然资源部　生态环境部　海关总署　国家林草局关于印发进一步加强外来物种入侵防控工作方案的通知[EB/OL].（2021-02-03）[2025-01-26]. http://www.moa.gov.cn/govpublic/KJJYS/202102/t20210203_6361137.htm.

[9] 中华人民共和国国民经济和社会发展第十四个五年规划和2035年远景目标纲要[EB/OL].（2021-03-13）[2025-01-26]. https://www.gov.cn/xinwen/2021-03/13/content_5592681.

htm.

[10] 北京市绿色社区创建行动实施方案[EB/OL].（2021-10-15）[2025-01-26]. https://www.beijing.gov.cn/zhengce/zhengcefagui/202110/t20211015_2513860.html.

[11] 国家发展改革委等部门关于印发《促进绿色消费实施方案》的通知[EB/OL].（2022-01-21）[2025-01-26]. https://www.gov.cn/zhengce/zhengceku/2022-01/21/content_5669785.htm.

[12] 国务院办公厅转发国家发展改革委等部门关于加快推进城镇环境基础设施建设指导意见的通知[EB/OL].（2022-02-09）[2025-01-26]. https://www.gov.cn/zhengce/content/2022-02/09/content_5672710.htm.

[13] 天津市生态环境局　天津市发展改革委关于印发天津市"十四五"塑料污染治理行动方案的通知[EB/OL].（2022-02-25）[2025-01-26]. https://www.ndrc.gov.cn/xwdt/ztzl/slwrzlxd/202202/t20220225_1318935.html.

[14] 住房和城乡建设部关于印发"十四五"建筑节能与绿色建筑发展规划的通知[EB/OL].（2022-03-12）[2025-01-26]. https://www.gov.cn/zhengce/zhengceku/2022-03/12/content_5678698.htm.

[15] 重庆市生态环境局关于印发重庆市辐射污染防治"十四五"规划（2021—2025年）的通知[EB/OL].（2022-03-15）[2025-01-26]. https://sthjj.cq.gov.cn/zwgk_249/zfxxgkzl/fdzdgknr/ghjh/202203/t20220315_10505002_wap.html.

[16] 关于加快推进绿色低碳工业园区建设工作的通知[EB/OL].（2022-03-28）[2025-01-26]. https://jxt.zj.gov.cn/art/2022/3/28/art_1582899_23457.html.

[17] 交通运输部关于印发《绿色交通"十四五"发展规划》的通知[EB/OL].（2022-03-28）[2025-01-26]. https://www.gov.cn/zhengce/zhengceku/2022-01/21/content_5669662.htm.

[18] 浙江省美丽海湾保护与建设行动方案[R]. 杭州，2022.

[19] 国务院办公厅关于印发新污染物治理行动方案的通知[EB/OL].（2022-05-24）[2025-01-26]. https://www.gov.cn/zhengce/content/2022-05/24/content_5692059.htm.

[20] 关于印发《"十四五"环境健康工作规划》的通知[EB/OL].（2022-07-30）[2025-01-

26]. https://www.gov.cn/zhengce/zhengceku/2022-07/30/content_5703607.htm.

[21] 北京市人民政府关于进一步加强水生态保护修复工作的意见[EB/OL].（2022-09-14）[2025-01-26]. https://www.beijing.gov.cn/zhengce/zfwj/zfwj2016/szfwj/202209/t20220914_2814567.html.

[22] 中华人民共和国生物安全法[EB/OL].（2022-10-18）[2025-01-26]. https://www.gov.cn/xinwen/2020-10/18/content_5552108.htm.

[23] 杭州市人民政府办公厅关于印发杭州市深化全域"无废城市"建设工作方案的通知[EB/OL].（2023-01-19）[2025-01-26]. https://www.hangzhou.gov.cn/art/2023/1/19/art_1229712391_7592.html.

[24] 关于深化气候适应型城市建设试点的通知[EB/OL].（2023-08-18）[2025-01-26]. https://www.gov.cn/zhengce/zhengceku/202308/content_6900892.htm.

[25] 国家发展改革委等部门关于印发《环境基础设施建设水平提升行动（2023—2025年）》的通知[EB/OL].（2023-08-24）[2025-01-26]. https://www.gov.cn/zhengce/zhengceku/202308/content_6899984.htm.

[26] 北京市园林绿化局关于印发《北京市园林绿化局关于推进生态文化建设的实施意见》的通知[EB/OL].（2023-09-01）[2025-01-26]. https://yllhj.beijing.gov.cn/zwgk/2024nzcwj/2024nqtwj/202406/t20240627_3730897.shtml.

[27] 浙江省生态环境厅 浙江省水利厅印发《关于进一步加强集中式饮用水水源地保护工作的指导意见》的通知[EB/OL].（2023-09-01）[2025-01-26]. http://sthjt.zj.gov.cn/art/2021/4/23/art_1201918_58927918.html.

[28] 关于促进土壤污染风险管控和绿色低碳修复的指导意见[EB/OL].（2023-12-19）[2025-01-26]. https://www.mee.gov.cn/xxgk2018/xxgk/xxgk05/202312/t20231219_1059420.html.

[29] 重庆市人民政府办公厅关于印发《重庆市全面推进垃圾分类治理工作实施方案》的通知[EB/OL].（2023-12-26）[2025-01-26]. https://www.cq.gov.cn/zwgk/zfxxgkml/szfwj/qtgw/202312/t20231226_12748165.html.

[30] 中共中央 国务院关于全面推进美丽中国建设的意见[EB/OL].（2024-01-11）[2025-

美丽城市建设

01-26]. https://www.gov.cn/gongbao/2024/issue_11126/202401/content_6928805.html.

[31] 关于印发《关于加快建立现代化生态环境监测体系的实施意见》的通知[EB/OL]. （2024-03-04）[2025-01-26]. https://www.gov.cn/zhengce/zhengceku/202403/content_6939814.htm.

[32] 住房城乡建设部等5部门关于加强城市生活污水管网建设和运行维护的通知[EB/OL]. （2024-03-08）[2025-01-26]. https://www.gov.cn/zhengce/zhengceku/202403/content_6940086.htm.

[33] 中共北京市委办公厅　北京市人民政府办公厅关于深化生态文明实践推动首都花园城市建设的意见[EB/OL]. （2024-03-29）[2025-01-26]. https://www.beijing.gov.cn/zhengce/zhengcefagui/202403/t20240329_3604329.html.

[34] 银川市人民政府办公室关于印发银川市美丽河湖建设实施方案（2023—2025）的通知[EB/OL]. （2024-04-21）[2025-01-26]. https://www.yinchuan.gov.cn/xxgk/bmxxgkml/szfbgt/xxgkml_1841/zfwj/yzbf/202304/t20230421_4040189.html.

[35] 北京市人民政府关于印发《北京花园城市专项规划（2023年—2035年）》的通知[EB/OL]. （2024-04-25）[2025-01-26]. https://www.beijing.gov.cn/zhengce/zfwj/zfwj2016/szfwj/202404/t20240425_3638156.html.

[36] 国家发展改革委　国家数据局　财政部　自然资源部关于深化智慧城市发展　推进城市全域数字化转型的指导意见[EB/OL]. （2024-05-14）[2025-01-26]. https://www.gov.cn/zhengce/zhengceku/202405/content_6952353.htm.

[37] 上海市噪声污染防治行动方案（2024—2026年）[EB/OL]. （2024-05-17）[2025-01-26]. https://www.shanghai.gov.cn/gwk/search/content/40722b36bc0648739adc6fd42cc0723c.

[38] 美丽海湾建设提升行动方案[R]. 北京，2024.

[39] 天津市人民政府关于天津市大气环境质量达标规划的批复[EB/OL]. （2024-11-20）[2025-01-26]. https://www.tj.gov.cn/sy/ztzl/ztlbthree/zdlyxxgk/zdxzjc/zdxzjcjg/202411/t20241120_6785092.html.

[40] 中共中央办公厅　国务院办公厅关于推进新型城市基础设施建设打造韧性城市

的意见[EB/OL]. （2024-12-05）[2025-01-26]. https://www.gov.cn/gongbao/2024/issue_11766/202412/content_6993325.html.

[41] 关于印发《杭州市生物多样性保护战略与行动计划（2024—2035年）》的通知[EB/OL]. （2024-12-27）[2025-01-26]. https://epb.hangzhou.gov.cn/art/2024/12/27/art_1229545149_4323353.html.

[42] 关于印发《"美丽中国，志愿有我"生态环境志愿服务实施方案（2025—2027年）》的通知[EB/OL]. （2025-01-14）[2025-01-26]. https://www.mee.gov.cn/xxgk2018/xxgk/xxgk05/202501/t20250114_1100560.html.

[43] 国务院办公厅转发生态环境部《关于建设美丽中国先行区的实施意见》的通知[EB/OL]. （2025-01-15）[2025-01-26]. https://www.gov.cn/zhengce/zhengceku/202501/content_6998720.htm.

[44] 美丽城市建设实施方案[EB/OL]. （2025-01-17）[2025-01-26]. https://www.mee.gov.cn/xxgk2018/xxgk/xxgk03/202501/W020250117579921453515.pdf.

[45] 关于进一步加强危险废物环境治理　严密防控环境风险的指导意见[EB/OL]. （2025-02-11）[2025-02-11]. https://www.mee.gov.cn/xxgk2018/xxgk/xxgk03/202502/t20250211_1102036.html.

后记

2012年以来,"努力建设美丽中国"一直是中国生态文明建设的主线,也是引领中国发展的关键词之一。经过十多年的发展,美丽中国的秀美画卷已经徐徐展开,美丽地球建设的"中国方案"正向全球呈现。

在"美丽中国"正逐步由愿景走向现实的关键时刻,一系列顶层设计适应形势的变化,与时俱进地陆续出台。2023年12月,中共中央、国务院印发《关于全面推进美丽中国建设的意见》,美丽中国建设进入一个全新阶段,明确了美丽中国建设新阶段的目标愿景和任务路径。2025年1月,国务院办公厅转发了《关于建设美丽中国先行区的实施意见》,生态环境部等11个部门印发了《美丽城市建设实施方案》,生态环境部等9个部门印发了《美丽乡村建设实施方案》,并就美丽中国建设的行动制定了完整的实施方案,明确了行动的指导思想、目标和路径,初步构建起以"1+1+N"为主体架构的政策体系。

美丽城市建设是美丽中国建设的重要内容,为了深入全面理解美丽城市建设,探讨当前在美丽城市建设进程中碰到的绿色转型与永续发展的相关问题,正确理解国家的相关政策和部署,我们依据国家发布的相关文件、各行政主管部门和相关在美丽城市建设上有成功经验的省级、市级发布的政策,从中梳理出美丽城市建设的路径,编写了《美丽城市建设》一书,聚焦空间治理智慧,开展绿色低碳、环境优美、生态宜居、安全健康、智慧高效的城市建设,探索以城市为载体的美丽城市建设实践路径。

本书在编写过程中,中国气候变化事务原特使、全国政协人口资源环境委员会原副主任、国家发展和改革委员会原副主任、原国家环境保护总局局长解振华给予

后记

了指导，并欣然为本书作序。为了使读者迅速厘清本书的逻辑，我们始终以中国政府网、相关省区市政府网、国家行政主管部门官网发布的规划和政策为直接依据进行整理编写。我们也参阅了大量资料，同时众多专家学者、从事美丽城市建设一线的实际工作者也给予了大量的指导和支持；湖州师范学院可持续发展研究院的专家给予了巨大的支持；云南人民出版社的领导和责任编辑，为本书的出版付出了辛勤的劳动。在此，我们表示深深的谢意！

本书的编写时间紧、任务重，加之作者水平和经验有限，在内容上难免存在缺点和不足，衷心希望读者多提宝贵意见，以便我们进一步修改完善。

作 者

2025年5月